歴史文化ライブラリー
582

温泉旅行の近現代

高柳友彦

吉川弘文館

目　次

温泉旅行という文化——プロローグ

1　温泉旅行という文化

現代人にとっての温泉旅行

二〇二〇年二月頃から流行が始まった新型コロナウイルス感染症は、私たちの経済活動を大きく制限した。特に移動を伴う旅行は、交通機関の縮小の影響を大きく受け、旅行客数が急減した。例年と比べて旅行客数の九割減を記録する温泉地が続出し、多くのホテル・旅館が休業を余儀なくされた。休日や連休を利用して一、二泊程度の旅行を楽しむ人々で賑わいをみせていた温泉地の光景が、一変してしまったのである。そして、コロナ禍により旅行に行きたくても行くことができない状況で、人々は様々な我慢を強いられるようになった。

コロナウイルス感染症の影響が収まりつつあった二〇二〇年秋、政府は旅行需要を喚起するためGOTOトラベルキャンペーンを実施した。加えて、利用客数の減少に直面した鉄道会社や旅行会社、温泉地のホテル・旅館による様々なキャンペーンも企図され、一時的とはいえ温泉地は賑わいを回復した。その後も感染拡大によって行動制限が付されるなかでも、温泉旅行を楽しみたいというニーズは根強かった。そして、二〇二三年春以降、様々な制限が解除され、旅行客数は徐々に回復しつつある。

コロナ禍での温泉旅行については巻末で改めてふれることとして、このように温泉旅行が、私たちの生活に不可欠なイベントとして、どのように定着したのか、これまで培ってきた温泉旅行のスタイルや文化の歴史を本書で振り返ってみたい。

現代の日本社会のなかで、温泉旅行はどのように位置づけられているのだろう。仕事や家事に日々追われるなか、貴重な休日・余暇を有意義に過ごしたいと思うことはごく自然であろう。余暇の過ごし方はそれぞれであるが、休みがとれると旅行を計画する人は多い。実際、余暇活動の参加人口では、国内旅行は二〇一〇年代を通じてランキング一位であった(『レジャー白書二〇二〇』)。二〇一八年の国民意識調査でも、余暇の過ごし方として国内旅行を楽しむと答えた割合は、日帰り三四・一%、宿泊あり三三・一%であった(この割合は年代によって異なり、二〇代よりも六〇・七〇代が高い傾向にある)。これはスポーツ観戦・ライブ鑑賞、外食といった過ごし方よりも高い割合であった(『国土交通白書二〇一八』)。

では、人々は旅行先でどのような過ごし方を楽しみにしているのだろう。『ＪＴＢ旅行実態調査』によると、旅行先で最も楽しみにしていた事柄として「おいしいものを食べること」（一八・七％）、「温泉に入ること」（一五・四％）、「自然景観をみること」（一二・二％）が上位にあげられている（日本交通公社編『旅行年報』二〇二〇年）。多くの人々にとって、自然や景勝地をめぐり、おいしいものを食べて温泉に入浴することが、国内旅行を楽しむ主な目的となっている。

全国各地の温泉地はそうしたニーズを受けとめ、多くの旅行客を受け入れてきた。加えて、観光地や行楽地の宿泊施設では、温泉を引用した施設が増加するなど、旅行先で温泉を楽しむことが当たり前となってきている。旅行者の側でも、「温泉に入ること」が重視され、宿泊施設の選定や旅行スケジュールの決定に「温泉の有無」が、大きな影響を及ぼしている。観光地やテーマパークで遊び疲れた体を休める場として、また日頃の疲れをとり体や心を「癒す」場として、温泉地が旅行の目的地に選ばれるように、今日の国内旅行において温泉の存在は不可欠なものとなっている。

旅行スタイルの変化

よく知られるように、火山が多く、複数の大陸プレート上に位置する日本は豊富な温泉を抱えている。そのため日本人と温泉地との関係は古くから続いており、人々の生活に欠かせない資源として各地で利用されてきた。

その歴史は古代から始まり、愛媛県の道後《どうご》温泉、兵庫県の有馬《ありま》温泉、和歌山県の白浜《しらはま》温泉は、日本三大古泉として様々な逸話が残されている。加えて、温泉には何らかの力が宿っていると考えられ、病を癒す存在としても認識されていた。温泉は信仰と結びつくとともに、時の権力者が温泉地を訪れ養生する場としても利用されていたのである。戦乱が激しくなった戦国時代には、負傷した武将らが傷を癒す場としても利用され、各地に「武将の隠し湯」が登場した。また、医療が未発達であった時代には、温泉地は病や傷を癒す湯治場として機能した。このように、今日では余暇を楽しむ場としての性格も強い温泉地であるが、「療養」する場としての役割を持った歴史が長く続いていたのである。

では、人々の病を癒す「療養」の役割や機能を持ちながら、遊興として温泉を「楽しむ」というスタイル（温泉旅行）はいつ頃から登場し、私たちの余暇の過ごし方の一つになったのだろう。本書ではこうした温泉旅行が持つ観光遊興の面（楽しむ旅行）と湯治療養の面（癒やす旅行）の両面を意識し、その歴史的展開を考察していきたい。

そこで、本書では以下の三つの事柄に注目していきたい。

旅行者・手段・費用

第一に、温泉旅行に行く主体、「誰と」温泉に行くのかという点に着目したい。一人旅なのか、友人との小グループなのか、それとも家族、または大人数の団体なのか、どのような人的関係のもとで温泉地を訪れるかということである。

行動をともにする人数は、宿泊先の施設や移動手段など、温泉旅行のありようや目的地を規定するとともに、その温泉旅行の目的や性格にも大きな影響を与える。また、「誰と」行くのかは、個々人によって異なるものの、それぞれの時代における「家族」のありようや社会関係とも密接に関わっており、余暇活動やそれに伴う消費の様相を考察するうえでも、重要な視点であろう。

第二に、温泉地を訪れるまでにどのような情報を得て、またどのような交通機関を利用して移動したのか、人々が旅行で温泉地を訪れるにあたってサポートをする存在に注目したい。今日ではインターネットが発達し簡単に情報が手に入るが、それ以前は旅行者が限られた情報をどのように得ていたのか、温泉地側がどのように提供していたのか、特に出版やメディアが温泉地に関する情報をどのように扱っていたのか考察していく。

第三に、温泉地での過ごし方や費用に注目したい。温泉地の立地や自然環境に加え、宿泊する施設によっても滞在のありようは異なるが、どう過ごすかは、訪れる温泉地の選定にも大きな影響を及ぼす。加えて、温泉地での滞在費用は、余暇に利用できる金額とも関わりを持つとともに、人々が温泉旅行を計画する際において重要な指標ともなるからである。温泉地での過ごし方と費用から温泉旅行の内実とともに、時々の経済情勢のなかで人々が温泉地に何を求めていたのか、その歴史的変化についても迫りたい。

このように、本書では、温泉旅行において、①誰と（一人の場合もある）、②どのような情報を得ながら温泉旅行を計画し、移動したのか、そして③温泉地ではどのように過ごし、どの程度の費用を要したのか、温泉旅行がそれぞれの時代の余暇のありようのなかでいかに展開してきたのか、考察していく。

温泉旅行は、各時代の人々・家族や消費の状況と密接に関わっており、世相や流行に大きく影響を受けている。温泉旅行の具体的な実相を通史的にみることで、近現代日本の余暇・消費の一端についても明らかにすることができるだろう。

温泉旅行の黎明

江戸・明治期

近世の温泉利用

温泉地の成立と拡大

古代から源泉が湧きだす場には、人々が集住し、温泉集落が形成された。湧きだす源泉は、地域住民の生活や生業に不可欠な資源として利用され、『風土記《ふどき》』には、温泉を利用していた様子が記述されている。また地中から湧きでる源泉には、何らかの力が宿っていると考えられ、自然の神秘な力の産物としても崇められていた。歴史ある温泉地では、源泉が湧きだす周辺に、神社・仏閣が建立され住民の篤い信仰の対象であるとともに、高僧らとのゆかりを説いた逸話も多く残されている（例えば、有馬《ありま》の行基《ぎょうき》、別府鉄輪《べっぷかんなわ》の一遍上人《いっぺんしょうにん》など）。中世以降、各地の温泉集落では宿泊施設を設けるようになり、遠隔地からの旅行者を受け入れる温泉地として形成された。そして、貴族や文人らが訪れるようになった温泉地は、歌や日記に数多く描かれるようになった。また霊験があるとされた温泉は、近代医学が発達していなかった近世以前には、病や傷の治癒に利用され、実際、戦乱に明け暮れた戦国の時代には、戦闘で負傷した武将や兵が傷を癒す場としても位置づけられた。この点、温泉地は、一種の「アジール」（争いごとや逃げ込んだ人を捕まえることができない場）としても機能していたとする研究もある（石川、二〇一五）。温泉地は、私たちの体や心を癒す「療養」「湯治」の場として成立していたのである。

近世以降、伊勢《いせ》神宮や西国三三所巡礼札所といった社寺参詣や物見遊山（名所をめぐり、花を愛で、散策すること）が流行し、多くの人が旅を経験するようになった。温泉地も、湯治療養の目的だけでなく、社寺参詣の途中での立ち寄りなど、旅の宿泊地としての機能を持つようになった。旅する人々の増加は、大名・僧侶だけでなく、百姓などそれまで旅と無縁であった人々が、温泉地に訪れるきっかけともなった。それまで支配層や一部の限られた人々によって利用されてきた温泉地は、様々な階層や属性の人々に開かれ利用されるとともに、その規模を拡大させたのである。五街道沿いで温泉が湧きでていた箱根《はこね》（東海道）・諏訪《すわ》（中山道）のほか、奥羽街道の浅虫《あさむし》・豊前街道の山鹿《やまが》など街道沿いの温泉地だけでなく、江戸周辺では伊豆《いず》の熱海《あたみ》や修善寺《しゅぜんじ》、上野《こうずけ》の草津《くさつ》・伊香保《いかほ》、京都・大坂周辺では有馬・城崎《きのさき》、伊予《いよ》の道後《どうご》、九州の別府といった温泉地が発展した。

近世以降、温泉地はどのように規模を拡大させたのだろうか。一般に温泉地は、自然湧出する源泉数や湧出量によって町の構造や景観が規定されていた。

温泉地の二タイプ

温泉地における源泉の利用形態は、外湯《そとゆ》利用と内湯《うちゆ》利用の二つに区分することができる。外湯とは、温泉地内に「総湯《そうゆ》」などと呼ばれる共同湯を設ける利用の仕方である。共同湯は地域住民が利用するために設けられた浴場で、他所から訪れた旅行客らも住民とともに利用する点が特徴である。他所から訪れた旅行客は、共同湯のまわりに設けられた宿（木賃宿）に滞在した。一方、内湯は、宿泊施設内に湧きだす湯を引用して、施設内の浴場を利用する仕方である。内湯は地域住民が利用するのではなく、旅館の宿泊客が主に利用していた。

近世の温泉地では、主に外湯が設けられていた（唯一、伊香保温泉では内湯のみの利用であった）。温泉地によって、外湯の数や位置が異なり、温泉地の中心部に外湯を設けて、温泉場のランドマークとして機能させていた道後や山中《やまなか》といった温泉地や、温泉地内で各所に湧出する源泉ごとに共同湯を設けていた城崎や野沢《のざわ》といった温泉地がある。

近世では外湯で温泉が利用されていた一方、内湯利用の普及は多くなかった。現代と異なり機械による源泉の汲み上げができなかった近世には、自然湧出する貴重で限られた源泉を利用するほかなく、湧出量が少ない温泉地では外湯のみの利用であった。それでも、近世を通じて利用客が増加するなか、それぞれの温泉地では、温泉運営のありようが模索された。実際、地元住民に加え遍路の参詣者が利用していた道後温泉では、近世を通じて共同湯の拡張や設備の改良が行われている（「道後温泉」編集委員会、一九八二）。

一方、湧出量が豊富な温泉地では、一部で内湯利用が行われていたものの、利用を制限するのが一般的であった。そこでは、温泉地の特権的な地位にある一部の者が内湯利用を独占していた。実際、伊香保では一四軒、別府では二一軒、草津でも一一軒に内湯利用が限定されていた。内湯利用が二七軒に制限されていた熱海では、近世を通じて湯株が売買の対象とされ、株数やその所有者らの変遷も時期に応じて大きく変化していた。

長野県の浅間《あさま》温泉では、内湯を持つ温泉宿（湯持）が近世を通じてほぼ一四軒前後に固定され、いずれも五石以上の中・上農層または庄屋や組頭を務める村役人などで構成されていた。内湯を持つ宿は専業で宿泊業を経営する一方、共同湯を利用する宿（木賃宿）の多くは商いなどを兼業していた。ただ、利用客が増加する近世後期以降、新たな源泉開発や内湯整備の模索に伴って、温泉地内で紛争が引き起こされた。天保期以降、内湯利用の株が売買の対象となり、それまでの独占的だった内湯利用の慣行が崩れ、新たに内湯を持つ宿が登場した（山本、二〇〇四）。

大名の温泉旅行

近世の温泉地では、領主が利用する専用の浴室や宿泊施設を管理させるなど、源泉の利用に関わる様々な役を担う「湯守《ゆもり》」を藩が任じるとともに、温泉地に「運上《うんじょう》」を課すなど、領主支配の下で温泉経営が行われていた。一部の利用者による特権的な利用の背景には、こうした温泉を支配する領主の存在があった。「御殿湯《ごてんゆ》」と呼ばれた藩主専用の浴室は、浅間・湯田中《ゆだなか》（長野）・大鰐《おおわに》（青森）・武雄《たけお》（佐賀）などの温泉地に設けられ、藩主らがたびたび利用していた。

なかでも津軽藩《つがるはん》の御殿湯が設けられた大鰐温泉は、三代藩主津軽信義《のぶよし》が屋敷を設けたことをきっかけに利用客が増加し、温泉地発展の基礎を築いた。信義は、たびたび大鰐温泉の屋敷に滞在し、特に慶安四年（一六五一）には約五ヵ月間、大鰐で過ごしていた（幕末まで一二代続く津軽藩主らの大鰐への湯治は、計一七回を数えたとされる。津軽藩内には、ほかにも浅虫・嶽《たけ》・温湯《ぬるゆ》といった温泉地があり、大名の湯治は頻繁に行われていた）。湯治は一二〜二月の時期が多く、大鰐では温泉熱を利用した藩主専用の野菜栽培を行うなど、津軽での寒い冬を過ごす最適な療養地であった。加えて、一一代承昭《つぐあきら》は約半年間、居城の弘前《ひろさき》城《じょう》へ大鰐の温泉を運搬させていた記録が残されるなど、歴代の津軽藩主の湯治への強い関心がうかがわれる（大鰐町、一九九五）。

一方、自らの領地外の温泉地へ湯治を行う大名も多かった。前橋藩酒井家《まえばしはんさかいけ》の五代藩主酒井忠挙《ただたか》は、二六歳の時に疱瘡《ほうそう》を発病したこともあり、たびたび湯治のため遠方に赴いていた。近隣の伊香保温泉だけでなく、播磨の有馬温泉まで湯治に出向いていたのである。元禄九年（一六九六）の有馬への湯治には、同行者として藩士六〇人、医師や足軽《あしがる》、中間《ちゅうげん》などを含め行列は三、四〇〇人に及んだ。一行は二週間かけ東海道を下り、有馬温泉では約一ヵ月間滞在している。また、酒井家七代藩主親愛《ちかよし》も温泉を愛好し、正徳四年（一七一四）には湯治で熱海を訪れている。藩士や身の回りの者を含めて四二二人、馬六八匹で熱海を訪れ、本陣に二〇日間逗留した。この湯治に要した費用は、金六一八両二分・銀三八枚・銭一二貫六四五文にのぼり、数百人を引き連れた、大名による温泉旅行の規模の大きさがうかがわれる（群馬県史編さん委員会編、一九九二）。

江戸の周辺の温泉地は、参勤交代の折に訪れる大名も多く、例えば、箱根宮《みや》ノ下《した》の奈良《なら》屋《や》では、一八世紀末から約六〇年間で二〇家を超える大名の湯治が行われ（箱根温泉旅館協同組合編、一九八六）、熱海温泉の本陣であった今井家《いまいけ》には、近世を通じて八〇家以上の大名（奥方を含めて）が滞在していた（熱海市史編纂委員会編、一九六七）。

将軍と温泉

大名だけでなく、徳川将軍家も温泉を楽しんでいた。ただ、江戸に居住していた将軍は、江戸から離れた温泉地に赴くことができなかったため、温泉地から湯を江戸城に献上させていたのである。こうした温泉地の湯を将軍に輸送する

「献上湯」(「御汲湯」とも呼ばれる)は、有馬・伊東《いとう》・箱根・熱海温泉で行われていた。

箱根では、三代家光《いえみつ》から五代綱吉《つなよし》の時代に箱根七湯のうち湯本《ゆもと》・塔之沢《とうのさわ》・木賀《きが》・宮ノ下の温泉が江戸に運ばれた。伊東温泉では、三代家光の時代に和田《わだ》の湯が運ばれている。また、熱海でも四代将軍家綱《いえつな》の時代から「御汲湯」が始まり、八代吉宗《よしむね》の時代に九年間で三六四三樽、一〇代家治《いえはる》の時代にも天明四年(一七八四)から二年間で二二九樽運ばれている。いずれの温泉地でも江戸への御汲湯は、厳格な作法の下で献上されていた。一部の特権を持つ宿屋の主人らが、紋付袴姿で柄杓を用いて源泉を汲み、沿道の人足を動員して江戸まで運ばせていたのである(熱海市、二〇一七)。

武士や領民の温泉旅行

大名や将軍以外の武士や庶民は、どのような温泉旅行をしていたのだろうか。先述の大鰐温泉には、藩主だけでなく藩士や寺院の僧侶らも湯治のため訪れていた。彼らは二～三週間程度の休暇を藩に願い出、許可を受け湯治をしていた。湯治に赴く理由は、本人の病気療養でその内容は、下肢の痛み・神経痛・腫物《はれもの》・めまい、しびれ・咳痰など多岐に及んでいた。藩士や僧侶による湯治は、藩内の経済・社会状況に大きく影響を受けており、凶作や飢饉の際にはその数は激減していた(大鰐町、一九九五)。

一方、領民も温泉旅行を経験する機会を持っていた。守山藩《もりやまはん》(現福島県郡山市域)の領民は、一八世紀初頭から江戸時代が終わるまでの約一六〇年間に約四〇〇〇人が温泉旅行を目的に領外に出ていた。遠方では和歌山、近隣では福島・栃木・山形の温泉地が選ばれ、なかでも領民が最も多く訪れたのが上山《かみのやま》温泉（山形県）であった。領主の許可が必要な領外の温泉地への湯治は、平均年間二〇～三〇人程度であったものの、領内の温泉地や伊勢参りなどの経験をふまえれば温泉を利用する人はより多かったと考えられる（高橋、二〇一六）。

女性の温泉旅行

近世の温泉地には男性だけではなく女性らも多く訪れていた。当時、女性たちも、男性同様に寺社参詣や物見遊山を目的とした旅を行い、なかには数ヵ月かけて遠方の神社仏閣をめぐる女性もいた。彼女らの旅行の様子は、彼女ら自身が記した旅日記や紀行文などに記録され、そうした資料から当時の女性たちの旅の様相を知ることができる（ただ、残された旅日記は、藩士や町家の女性たちが執筆したものが多く、中農以下の農村女性によるものはほとんど残されていない）。まずは、大名の家族である奥方らの温泉旅行の様子をみていこう。

大名の妻子は、江戸に住むことが義務とされていた。そのため、大名の奥方や後家らは、領内の温泉地へ湯治に赴くことは基本的にはできず、江戸周辺の温泉地への湯治が行われていた。ただ、女性の移動（「出女《でおんな》」）は厳しく対応されていたため、湯治へ赴くには幕府へ湯治の許可を願い出るとともに関所手形の下付が必要とされていた。そして、大名による湯治と同様に、奥方の世話をする用人ら、同行者が数十人規模の行列で温泉地に赴いたのである。大名の湯治とくらべて小規模であるものの、幕府への許可、関所での女改めの手続きなど、奥方らの湯治には多くの手間がかかっていた（熱海市史編纂委員会編、一九六七）。

大名身分以外の女性の旅も様々な点で困難が多かった。関所での女改めに加え、実際に旅ができる年齢層が高かった。裕福な家においても、子育てや主人との関係から、身の回りが落ち着く高齢になってから旅をすることが多かったからである。そうしたハンデを負いながら近世の女性たちは、活発に旅をするようになっていた。彼女らの旅は、夫婦・子ども・親戚・友人ら複数人との団体旅行が主であった。例えば、上総国篠飯野村の稲村《いなむら》喜勢子《きせこ》は、飯野藩医であった夫の体を気遣い、天保一三年（一八四二）六月に箱根へ湯治に向かっている。夫婦と同行の女性二人とともに箱根宮ノ下で湯治を行い、約一ヵ月箱根の温泉をめぐりながら滞在した。加えて湯治からの帰り道には名所めぐりや坂東三三観音めぐりをしている（柴、二〇〇五）。夫婦での旅行だけでなく、旅行の参加者が女性だけの場合もあり、その際、従者の男性をともに連れて旅行するなど、それぞれの家の事情や旅の目的によって対応していた（幕末のお伊勢参りでは女性だけのグループが存在するとともに、女性の関所抜けがかなり行われていたことが指摘されている〈山本、二〇二一〉。

筑前国商家の家婦であった小田宅子《おだいえこ》は、天保一二年に歌仲間に誘われ、歌仲間の女性たちと男性の従者三人とともに吉野《よしの》の花見と伊勢神宮参詣の旅に出ている。途中、周防の湯《ゆ》田《だ》温泉に宿泊し、その後、善光寺《ぜんこうじ》や浅草観音《あさくさかんのん》をめぐる旅程に変更して、合計一四四日に及ぶ旅となった。途中、街道沿いの諏訪のほか、浅間温泉に宿泊するなど、参詣の途中で温泉地に宿泊していた（柴、二〇〇五）。近世の女性たちは様々な困難がありながらも男性と同様に温泉旅行を経験していたのである。

紀行文や絵図

庶民が旅行する機会を持ち、温泉旅行が実現するなか、当時の人々は、訪れようとする温泉地の情報をどのように入手していたのだろうか。温泉地を紹介する媒体として、温泉旅行の体験やそこでの情景を記した紀行文、温泉地の景観を描いた絵図、温泉番付などがあげられる。

近世の紀行文は、総数で二五〇〇を数え、そのなかで温泉に関係したものは一五〇ほど残されている。紀行文は温泉地の実用的な情報を記すものもあれば、入浴・食事の様子を記述するものなど多岐にわたっている（熱海市、二〇一七）。紀行文の題材として選ばれた温泉地は、有馬・草津《くさつ》・箱根・熱海が多かった。特に有馬は、近世初期から題材にあげられることが多く、平子政長《ひらこまさなが》『有馬私雨《ありましぐれ》』、林羅山《はやしらざん》『有馬温湯記《おんとうき》』、貝原益軒《かいばらえきけん》『有馬山温泉記』など実用性を重視した記述の書もみられた。一方で、文政期には『滑稽《こっけい》有馬紀行』が刊行され、『東海道中膝栗毛《とうかいどうちゅうひざくりげ》』のような滑稽本の要素と案内記としての性格を持つ温泉紀行も登場している（板坂、一九八七）。

また、温泉地を描いた絵図は、入浴や遊覧を楽しむ女性たちを描いた浮世絵や温泉地全体の様子を描いたものまで多岐に及び、伊香保・道後・熱海・草津といった温泉地の情景や周辺の景勝が描かれた。人々は、こうした紀行文や絵図から温泉旅行の具体的な過程や温泉地の情景を思い描いていたのだろう。

温泉番付

人々が旅行先選びに利用していたのが、旅程での諸注意を記した旅行案内であった。当時、著名な旅行案内であった『旅行用心集』には、全国二九二ヵ所（重複を除けば二三一ヵ所）の温泉地が紹介されていた。

また、同時期に庶民の温泉利用の手掛かりとして発行されるようになったのが温泉番付であった。温泉番付は、相撲番付に範をとったものであり、その起源は大相撲が隆盛を極めた寛政年間（一七八九～一八〇一）の頃といわれている。現存する最古の温泉番付は、文化一四年（一八一七）年に刊行された「諸国温泉功能鑑」とされている。温泉番付には、諸国の著名な温泉地名や効能が記され、時期や発行媒体によって様々なバージョンのものがつくられた。

多くの温泉番付は、東西それぞれ三、四段組で構成され、大関・関脇・小結、そしてそれ以下四〇ヵ所ほどの前頭が並び、合計約一〇〇ヵ所の温泉地が記されていた。番付には国名と温泉地名（「諸国温泉功能鑑」には江戸からの距離も記されていた）に加え、疾病に対する効能が記載されていた。温泉地で「効く」とされた効能は様々で、「梅毒」や「淋病」もあげられていた。近代医学が登場する以前の民間医療の一つとして、温泉地への湯治が行われていたのである。草津や有馬など古くから著名な温泉地は番付の上位に位置し、温泉の効能に加え、利用客の多寡などが番付に影響していたことがうかがえる。温泉番付に掲載される温泉地名やその序列にはおおまかな基本形が踏襲され、その後も刊行され続けた。

番付に不可欠な勧進《かんじん》元や行司の欄にも温泉地名が記されていた。番付によって若干の構成は異なるものの、行司に静岡の熱海温泉、

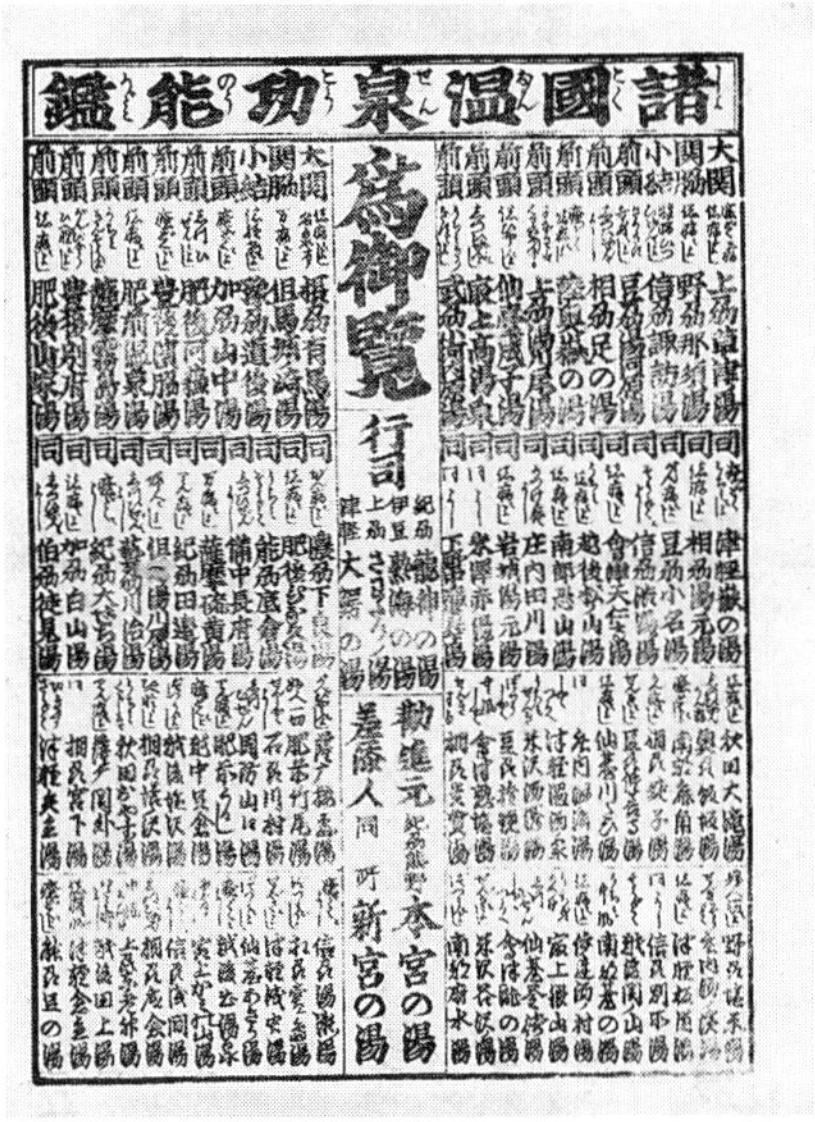
諸國温泉功能鑑

図1　「諸国温泉巧能鑑」（東京都立中央図書館所蔵）

和歌山の龍神《りゆうじん》温泉、群馬の沢渡《さわたり》温泉、青森の大鰐温泉、勧進元に熊野本宮《くまのほんぐう》湯（現湯の峰《ゆのみね》温泉）・熊野新宮湯（湯川《ゆかわ》温泉と思われる）などがあげられる。将軍に湯を献上していた熱海温泉や、紀伊藩の御殿湯であった龍神温泉は、徳川家のゆかりの温泉地であり、序列の上位に位置していたのだろう。近世でも規模が大きいわけではない熊野の温泉が勧進元として取り上げられている背景には、熊野詣に代表される熊野信仰の影響が指摘されている。温泉守護としての熊野が勧進元の地位にあることで、番付の神聖な面が担保されたのだという。過去に天皇も訪れていた由緒ある温泉地や信仰との関わりが強かったのである（石川、二〇一八）。

温泉旅行の費用

近世の温泉地での滞在日数は、寺社参詣の途中での立ち寄りであれば一日から数日の滞在、湯治療養の場合は長逗留が基本であった。湯治は一回り七日が基本とされ、その周期を何回か繰り返した。例えば、熱海では七日、草津では三周りの約二〇日間の滞在であった。では、実際の湯治療養でかかる費用をみてみよう。

草津温泉を訪れた湯治客は基本的に自炊で、食事付きを選択する宿泊客もいたものの、その数は限られていた。文化一二年（一八一五）に武蔵国（現埼玉県）の風流人が草津での湯治にかかった費用は、一七日で布団三四五文、宿代六八二文、中夜着三四六文など宿代のほか、米四升三五七文、味噌三〇〇文、炭五〇文、薪一一二文など、総額一両五朱あまりの費用であった（山村、一九九八）。湯治ではなく、夕朝食付きの旅館に宿泊した場合、その費用は高く、文政年間（一八一八〜三〇）の熱海では一泊一五〇文、天保一四年（一八四三）の上山では夕朝食付きで一五〇〜二〇〇文程度であった（上山市編、一九八四）。一九世紀前半の主要な街道沿いの旅籠の宿泊料は二〇〇文程度とされており（実際の宿泊料はもう少し安く、一五〇文前後であったとされる）、温泉に宿泊する際も同程度であったことがうかがわれる（金森、二〇〇四）。

長期間に及ぶ旅行や湯治の費用から、近世で温泉旅行を実現するには多くの負担がかかっていたことがうかがわれる。加えて、従者を連れての旅行は、より多くの費用がかかったことが想像できる。夫婦二人程度の旅であれば費用はかなり抑えられるだろうが、道中手形の申請など、様々な手間を考えると気軽に温泉旅行を楽しむことは難しかったのである。

幕末から明治初期

外国人がみた温泉地

近世日本において、海外との関わりは長崎や一部の場に限定されていたため、国内の温泉地に外国人が訪れることはなかった。ただ、長崎のオランダ商館の関係者らが江戸に参府する際に、九州の嬉野《うれしの》・武雄《たけお》といった温泉を訪れていた。温泉地で外国人との接触が始まったのは、幕末の開港以降であった。安政五年（一八五八）の日米修好通商条約に基づいて、横浜などの開港場には外国人が居住し商売を行う居留地が設けられた。原則、条約で定められた遊歩規定によって、外国人は居留地外での活動を制限されていたものの、療養など限られた目的で周辺地域への旅行は認められていた。そこで、横浜に近い箱根や熱海には多くの外国人が訪れていたのである。

イギリスの外交官であったオールコックは、万延元年（一八六〇）に富士山を含めた転地旅行を実施し、その帰路に熱海を訪れている。彼は熱海滞在の折、「主要な浴場施設に案内された。そこは普通は大名とその家族用のものであった」と日記に記している。熱海の本陣で滞在したと思われるが、内湯が設けられた旅館で過ごしていた（オールコック、一九六二）。

明治維新以後、日本を訪れた外国人は、日本各地を旅しながら、欧米では珍しい日本の生活や風習を日記や紀行文として本国などに紹介していた。明治初期に日本を訪れたイザベラ・バードもその一人であった。彼女は、欧米人がまだ足を踏み入れたことがなかった東北地方をめぐり、その旅行の道中で見た情景や体験を手紙に綴り、イギリスの妹に送っていた。彼女は、東京・東北・函館《はこだて》へとめぐるなかで日光湯元《にっこうゆもと》・赤湯《あかゆ》・上山・黒石《くろいし》といった温泉地を訪れている。赤湯では多くの湯治客が浴場小屋と称される共同湯に入浴している様子や、上山では旅館の内湯を堪能する様子が記されている。赤湯・上山ではともにリウマチに悩む湯治客が訪れていたという。彼女は、入浴する人々の礼儀正しさを書き残すなど、温泉を利用する人々との間で好意的な接触をはかっていたのである（イザベラ・バード、二〇〇八）。

藩士の温泉旅行

では、同時期の日本人の温泉旅行について、幕末の沼津藩《ぬまづはん》の湯治の様相をみてみよう。沼津藩では、二、三泊程度の温泉旅行と、七日を一回りとして一〜三周滞在する湯治を主目的とする温泉療養を明確に区別していた。特に、前者の場合、特別な願いを必要とせず、藩士らは短期間の温泉旅行を頻繁に楽しんでいた。一方、重い病を患った藩士らは、診断書の提出や、藩や上司への届・挨拶といった面倒な手間をかけて数週間に及ぶ湯治を実行していた。湯治によって病を治療するだけでなく、体力の回復を含めた静養を目的としていたのである。ただ、湯治の最中や直後に亡くなる藩士もおり、長期間の湯治は、人の生死に関わる重要な事柄でもあった。また、上級藩士の湯治の際には、湯治先の選定やそこでの行程、当事者の体調管理といったことなどに藩医らが関与していた。沼津藩士の湯治先には、修善寺・熱海・吉奈《よしな》・船原《ふなばら》・姥子《うばこ》・底倉《そこくら》といった近隣の伊豆・箱根の温泉地が選ばれ、特に修善寺や吉奈は藩士らに好まれたという。このように、幕末の藩士らは、上級下級に関係なく湯治の願を出すことができ、休暇をとることは難しくなかったのだろう。また、湯治を行う本人に加え、その家族、従者など二、三人での行程でもあった。沼津藩の上級藩士の家では、親子での温泉旅行や出産後の妻の湯治が行われ、それぞれ家族と足軽が付き添って温泉地に赴いていた（鈴木、二〇一〇）。

知識人の温泉旅行

武蔵国（現埼玉県）の在村医であった小室元長《こむろげんちょう》は多くの知識人と交流しながら古物や古文書の蒐集活動を行う人物であった。一八七四〜七六年（明治七〜九年）まで毎年、熱海を湯治で訪れ、その時の温泉旅行の様子を紀行文に書き残している。

一八七四・七五年の旅行では、熱海に赴いたのち、韮山《にらやま》・三島《みしま》・箱根・江の島《えのしま》・鎌倉《かまくら》を経て横浜・東京を経由して帰宅している（七六年は東京を二度経由している）。熱海までは、徒歩と人力車で四～五日の行程で、いずれの旅でも新橋《しんばし》―横浜間は開通したばかりの鉄道を利用していた。熱海では一、二週間程度滞在し、滞在時には、浴場での入浴のほか、海岸での散歩、周辺の伊豆山や網代《あじろ》へ足を延ばしての寺社参詣を行っていた。また、旅の目的でもある古文書・古物蒐集として、小室は滞在していた富士屋《ふじや》の主人から『伊豆志』や『吾妻鑑《あずまかがみ》』といった地誌や史書を借り受け、熱海・鎌倉の歴史地理に関する知識を蒐集していた。熱海温泉には近世から文化人や知識人が多く訪れていたこともあって、こうした書物が数多く保管されていた。様々な文化人が宿泊する温泉地の旅館はこうした文化の結節点でもあったのである。また、富士屋以外にも、旅館主の露木準三《つゆきじゆんぞう》から書物を借り受けるとともに詩を詠みながら酒を酌みかわす仲となっていた。加えて、周辺地域の友人が訪れ、また小室自身が友人宅に赴くこともあった。このように小室は滞在中、湯治だけでなく周辺の散策や友人らとの会合、古文書などの文献の蒐集をして過ごしていた（古畑、二〇二四）。

小室は、たびたび訪れた熱海の変化についても日記に記述しており、一八七六年に三層建てに改築した富士屋へ祝文を送っている。彼はリウマチを患って一八七三年に熱海に来た時の様子について、浴室の汚さや街に汚水があふれている状況などを記している。ただ、「(明治‐引用者注)八年一般の女商を禁し、男女の浴室を分ち、温泉分析表を刻して、意を温度に注き、浴法を説諭す、続て寛制浴室大に清潔を極す(中略)すこぶる開明の風あり」と、その後の熱海温泉の改良の結果を評価している。実際、新たな時代を迎えた温泉地では、小室が指摘したような温泉地の衛生問題に対する「改良」が進められていた。

温泉地の衛生問題

また、明治初期の群馬県では、一八七三年に温泉宿に対する浴客の取り扱いの規定を設けている。そこでは、温泉地を訪れる病気患者にとって過ごしやすい環境を整備する目的で、浴場と厠の距離を離す(屎尿が温泉に混じらないように)、道路や厠の清掃、座右に糯袢《じゅばん》を置かず悪臭を放たないようにするなど、温泉地内での「清潔」の実践が行われていた(高橋、二〇一六)。「衛生」への強い関心は、開港以来、たびたび全国でコレラが流行するなど、伝染病への危機意識も大きく影響していた。実際、一八八〇年のコレラの流行は、四国から湯治目的で別府を訪れたコレラ患者から始まったと伝えられている(山本、一九八二)。

官僚・軍人・政財界人の利用

明治維新以後、新たな政治・経済・社会の担い手となった政府関係者や財界人が温泉地に訪れるようになった。明治初期の政府関係者は、かなりの頻度で熱海や伊香保、有馬といった温泉地に湯治に訪れていた。例えば、一八七五年七月一四日、陸軍少佐渡《わたり》六之助《ろくのすけ》（のちの渡正元《まさもと》貴族院議員）は、慢性リウマチの持病のため有馬温泉への一ヵ月間の入湯を願い出て、翌月二一日に帰京している（「陸軍少佐渡六之助有馬温泉へ入浴行の届」JACAR〈アジア歴史資料センター〉Ref. C04026466700〈防衛省防衛研究所〉）。官僚や軍人らは、たびたび温泉地へ湯治に訪れていたが、届け出の理由の多くが渡同様、疾患の治療目的であった。

官僚・軍人に加え、政治家の多くも温泉地を訪れていた。開拓使《かいたくし》長官であった黒田清隆《くろだきよたか》は、一八七六年に「豆州熱海鉱泉へ湯治御暇願済去ル五月五日発程候処本日帰京致候」と一ヵ月に及ぶ熱海での湯治から帰京した旨の届を、太政大臣三条実実《だじょうだいじんさんじょうさねとみ》宛に提出している（「黒田長官、帰京ノ件」北海道立文書館所蔵）。また、湯治目的としての滞在だけでなく、政治家の会合の場としても温泉地が利用されていた。一八八一年一月には、伊藤博文《いとうひろぶみ》・井上馨《いのうえかおる》・大隈重信《おおくましげのぶ》の三名が熱海温泉を訪れ、相模屋・富士屋といった熱海でも最高級の宿に宿泊している。この三者の会談は、東京・大阪の新聞にもとりあげられるとともに、同年、大隈らが政府から追放される「明治一四年政変」の一つのきっかけともされた。

熱海には東京・横浜の財界人も数多く訪れていた。一八七七年から三年間だけでも、渋《しぶ》沢栄一《さわえいいち》・益田孝《ますだたかし》（三井物産創設者）・原善三郎《はらぜんざぶろう》（横浜の商人）・岩崎弥太郎《いわさきやたろう》（三菱財閥創設者）などの名が富士屋に残されている（熱海市史編纂委員会編、一九六八）。岩崎弥太郎は、熱海を訪れただけではなく、同時期、伊香保温泉の土地を購入するなど（のちに皇室に寄付）、財界人と温泉地の関わりは強いものであった。

皇室と温泉

天皇や皇室は、温泉地とどのような関係を有していたのだろうか。皇室と温泉地との関わりは古く、特に平安時代には白河《しらかわ》上皇をはじめ熊野行幸を行うなかで湯治を行っていた。近世には天皇は居住する京都を離れることはほとんどなかったものの、明治の世となり皇室は温泉と深い関係を有するようになった。天皇は全国へ行幸する機会が増し、それぞれの地方の名所や景勝地に赴く過程で温泉地に関わった。例えば、道後温泉では、一八九九年に共同湯である道後温泉本館に又新殿《ゆうしんでん》と呼ばれる皇室専用の浴室を整備した。

また、天皇家をはじめ皇室の別荘である御用邸が建設され、当地の重要な源泉が御料地に編入された。明治中頃までに、熱海温泉の大湯《おおゆ》・清左衛門《せいざえもん》の湯、修善寺の独鈷《とっこ》の湯、那《な》須《す》の源泉は、地元住民や所有者らからの寄付によって皇室財産に組み込まれた。加えて避暑地・避寒地への別荘（御用邸）建設が始まるなか、伊香保・熱海・那須には御用邸が建設されたのである。ただ、皇室の利用はそれほど多くなかった。例えば熱海御用邸は一八九二年までに皇太子（のちの大正天皇）が数回利用した程度で、避寒目的で建設されたものの、神奈川の葉山《はやま》や静岡の沼津の御用邸にその役割を奪われた。その後、熱海の御用邸は一九三〇年に、伊香保・塩原《しおばら》の御用邸は第二次世界大戦後に、地元自治体などへ移管された。第二次世界大戦後は、天皇が各地を行幸する際、それぞれの温泉地の著名な旅館への宿泊が行われるようになる。

明治初期の温泉旅行

明治初期までの温泉旅行は、基本徒歩での移動で（若干鉄道利用は登場しているが）、温泉地での長期間の滞在を前提とし、その目的も湯治療養が中心であり続けていた。二、三週間に及ぶ湯治や長期間の旅行には多くの費用が必要であったと思われる。ただ、幕末の沼津藩では、数日という短期間の温泉旅行も広く普及していた。大名や要人などを除けば、多人数での温泉旅行はほとんどなく、近親者や付き添いの従者を伴った行程であった。

多くの人々にとって温泉旅行は、必ずしも身近な娯楽としてではなく、病と切り離せないものであったのである。

整備される道、宣伝される魅力

温泉地に道路・鉄道を

一八七二年の鉄道開通以後、遠隔地間の移動に鉄道は欠かせない存在となった。各地で鉄道建設が盛んになるなか、温泉地でも道路整備に加え鉄道建設が企図され、箱根や伊豆ではその整備が喫緊の課題となった。

箱根の湯本では、一八七五年に小田原—湯本間の車道開削工事が始まり、一八八〇年の開通後には人力車が通行するようになった。湯本より奥の塔ノ沢や宮ノ下、小涌谷《こわくだに》や箱根への道路は、順次開通し一九〇四年に全通している。また、当時小田原—熱海間は、籠で半日程度要していたため、一八八〇年、熱海・小田原双方の有力者らが小田原—熱海間の熱海街道の整備改善をはかり翌年開通した。

その後、新橋—神戸間を結ぶ東海道線の開通が計画され、小田原の手前、国府津《こうづ》から北上するルートが採用されたことで箱根や熱海の旅館主らは、それぞれの鉄道建設を企図した。実際、一八八七年には国府津—箱根間の登山鉄道の建設が計画され、翌年湯本までの区間約一三キロの馬車鉄道が開通した。馬車鉄道は小田原—国府津間を三〇分、小田原—湯本間を三五分で結んだ。その後、電気軌道への転換を企図し、水力発電所を建設すると同時に、一九〇〇年には国府津—湯本間で運転を開始している（箱根温泉旅館協同組合編、一九八六）。

湯本同様、鉄道が企図された熱海では小田原を結ぶ人車鉄道が計画された。計画の主体となった豆相《ずそう》人車鉄道株式会社の発起人には、熱海の旅館主や小田原の町会議員といった地元の名士に加え、茂木惣兵衛《もぎそうべえ》など横浜の財界人らも参加した。一八九五年七月に熱海—吉浜《よしはま》間が開通、吉浜以北の区間は九六年三月一二日に全通した。

東京に近い箱根や熱海だけでなく、群馬の伊香保や草津でも道路整備や鉄道建設が企図された。伊香保では渋川《しぶかわ》との間で人力車が利用可能となったのが一八七九年頃で、すぐ後には乗合馬車も登場している。その後、高崎《たかさき》・前橋・渋川の各地域間で形成された電気鉄道が伊香保まで延長し、一九一〇年に開通した。また草津でも軽井沢《かるいざわ》との間に電気軌道が建設され二六年に開通している。

関東の温泉地だけでなく、大阪・神戸の後背地に位置する有馬温泉では、一九一五年に有馬鉄道が三田《さんだ》―有馬間に、その後、一八年に神戸有馬電気鉄道が神戸湊川《みなとがわ》―有馬温泉間に開通している。幹線鉄道や大都市に近い温泉地への交通アクセスは第一次世界大戦期までに急速に整備されたのである。

一方、四国の道後や九州の別府などの温泉地では、鉄道開通の実現は遅れたものの、大阪など関西圏との間の海上交通が整備され航路が開設されている。

道路整備や鉄道開通は、移動の所要時間の大幅な短縮など、それまでの温泉旅行のありようを大きく変えた。時間短縮によって、それまで宿泊を伴っていた移動は不要となったからである。

鉄道開通の効果

箱根では国府津から湯本まで一時間程度で結んだほか、熱海では小田原―熱海間が人車鉄道で約四時間（人力車では五時間程度）、その後の軽便鉄道では二時間半まで短縮した。伊香保は渋川から一〜一時間半程度で結ばれた。東京を朝たてば関東の主な温泉地には、当日中に到着することが可能になったのである。

では、主要な温泉地に開通した鉄道の時間短縮と費用減少の効果をみてみよう。国府津―箱根間に鉄道が開通する一八八八年発行の『箱根鉱泉誌』には、人力車（一人挽）二〇銭、二人挽四〇銭、乗合馬車二〇銭とある。一方、同年に開通した鉄道では、下等で小田原―国府津間六銭、小田原―湯本間八銭（中等・上等は国府津―湯本間で、それぞれ三〇銭・五〇銭）であった（箱根温泉旅館協同組合編、一九八六）。一八九六年に全通した小田原—熱海間では、人力車で六五銭が、人車鉄道の下等を利用した場合には四〇銭に低下した。人費用減少に加え、鉄道開通によって所要時間は大幅に短縮され、小田原—熱海間では、人車鉄道の開通によって約一・五時間所要時間が短縮した。当時の宿泊費は安価な宿であればば二〇〜三〇銭程度であったことからも、鉄道開通の効果は時間短縮に伴う行程の短縮と、一泊分の宿泊費用減少をもたらしたのである。

また、鉄道開通は交通費の低下や時間短縮だけでなく、客引きなど悪質な業者とのやり取りを減らす効果もあった。当時の旅行案内には、乗客が宿泊を予定している旅館の悪評を伝え、わいろを取っている旅館に誘導する車夫の存在が指摘されている。人力車夫に対する悪い噂は利用客にとって不安なものであり、鉄道によって直接温泉地を訪れることができるようになることで、こうした行為を防ぐことができたのである（熱海市、二〇一七）。

このように鉄道開通は、温泉地を訪れる利用客にとって、時間短縮に加え、交通費の低下と明示化といった効果を与えるなど、温泉旅行の諸情報が明らかにされていくこととなる。

温泉案内の出版

明治以降の温泉地は、新たに登場した出版メディアを積極的に利用するなど「宣伝」のありようも大きく変えた。一八八〇年代になると、

表1　1880～90年代における主要温泉地の温泉案内の一覧

温泉地	書　名	編著者	発行年
箱　根	箱根温泉誌	清水市次郎 編	1887
	箱根鉱泉誌：一名・七湯独案内	広瀬佐太郎 著(金原寅作)	1888
熱　海	熱海独案内	大内青巒	1885
	熱海鉱泉誌	青木純造	1890
草　津	上毛草津鉱泉独案内		1884
	草津温泉誌：一名・入湯手引草		1888
伊香保	伊香保温泉独案内		1880
有　馬	有馬温泉記		1885
	有馬温泉誌		1894
別　府	別府温泉記	佐藤鉄太郎	1888

それぞれの温泉地では、個々の温泉地をとりあげた温泉案内が出版されるようになった。

温泉案内には、温泉地までのアクセス・旅館一覧・費用などに加え、温泉地の概要・周辺の名勝旧跡も紹介されていた。そして、どのような源泉を利用しているのか、また宿舎の具体的な設備など、内湯の有無や設備の衛生状況などが詳記されていた。また、一部の温泉案内には、源泉の化学的な成分一覧が掲載されていた。一八八〇年代初頭に内務省が全国の温泉地の調査を行った際に、多くの温泉地では源泉の成分が調査されており（それら調査は内務省編『日本鉱泉誌』全三巻にまとめられている）、そうした経験から積極的に源泉の成分分析といった科学的な知見を利用していたのである。そして、「温泉療法」（温泉入浴を用いた療養方法）という項目で入浴方法や療養の効果などが紹介され、温泉地での滞在が様々な病を治療することを目的とした転地療養（滞在場所を変え療養すること）の一つであることが示されていた。

一方で明治以降も発行され近世と同様に温泉の効能が記載されていた温泉番付は、こうした温泉案内の登場によって、その役割を終えることとなる。

個々の温泉地の様々な情報を網羅した温泉案内に加え、一九〇〇年代以降、鉄道沿線の温泉地や観光地の情報を紹介した鉄道案内が登場し、沿線の観光地や温泉地が網羅的に紹介された。これらは、個々の温泉地が自らをアピールするために作成した案内とは異なり、旅行者の視点にたったものであった。この後、鉄道沿線の温泉地に特化した案内として第一次世界大戦期に温泉案内が出版される。

新聞での宣伝

明治以降普及した新聞メディアでは、温泉地の賑わいなどの景況を伝える記事とともに、記者による紀行文や情景を描写した記事が登場した。例えば、大阪朝日新聞の一八八五年の有馬温泉の状況を伝える記事では、一八八三年に本浴場と呼ばれた共同浴場が改築されたのちの浴室の様子や入浴料（一等一〇銭、二等二銭、三等一銭）の情報に加え、「浴客の数は一ヶ年間平均して八千余名本年は不景気と大阪洪水で例年よりは浴客の数が少いようだといふ」と有馬温泉の概況が伝えられている（「人形筆有馬土産－温泉場の現況上」『朝日新聞』一八八五年九月二五日）。また、国民新聞の

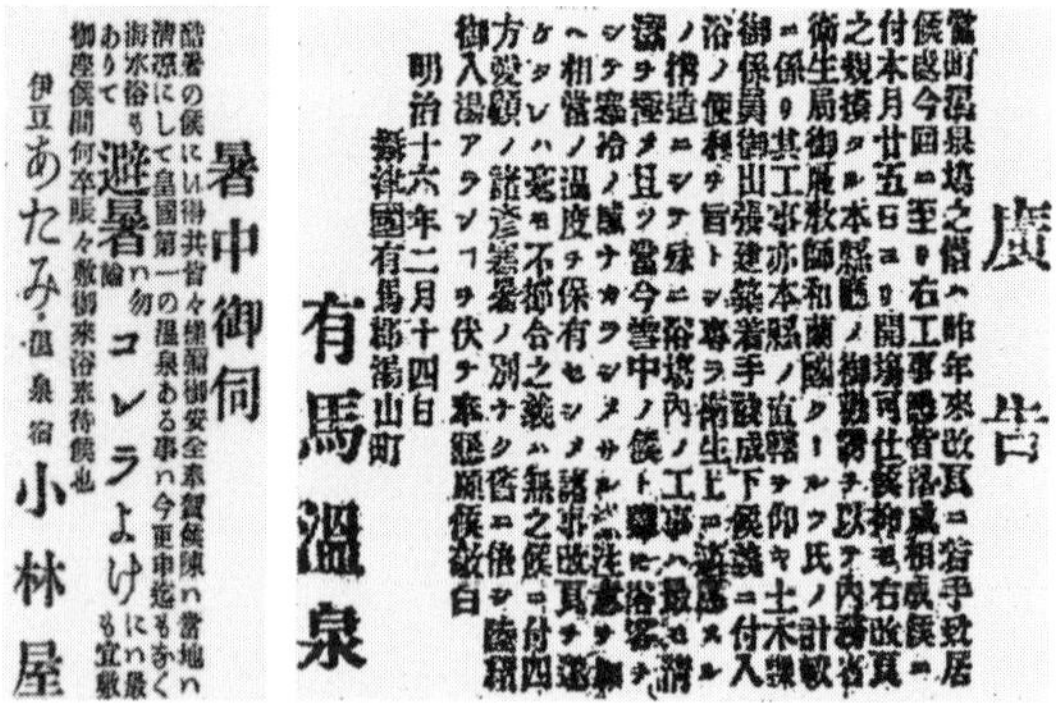

図２　温泉地の新聞広告（左『読売新聞』1890年８月20日，右『大阪朝日新聞』1883年２月15日）

主筆であった徳富《とくとみ》蘇峰《そほう》は、一八九三年に約一ヵ月間熱海に滞在し「あたみたより」を連載した。こうした温泉地の景況や記者らの紀行文は、都市の住民へ温泉地の「宣伝」の役割を果たした。

新聞・雑誌には、記事として発信される情報に加え、一八七〇年代はじめから温泉地の旅館や組合らが自ら広告主となって情報を発信するようになった。東京では箱根・熱海・伊香保の旅館や旅館組合、大阪では有馬の旅館が広告を出している。

浴室の改築や温泉地周辺の観光情報に加え、なかには、温泉地での様々な事件・事故への対応として広告を掲載したものもあった。当時、温泉地では病気・療養の患者が多く滞在することから、感染症が流行しているといった風評被害が起きていた。温泉地のイメージが悪化し利用客数にも大きく影響するため、感染症との関係を明らかにする必要があった。実際、いくつかの温泉地ではそうした問題が起こるたび、問題がない旨の広告や、そうした感染症の流行がないことをアピールする広告も登場していた。新たに登場した新聞メディアを通して、人々は温泉地の情報を知ることとなったのである。

温泉旅行の男女比

こうした交通アクセスの改良や宣伝広告により、多くの人々が温泉地を訪れるようになった。明治中頃からはいくつかの県で温泉地の利用客数の統計がとられるようになる。一九〇〇年を前後した時期の男女の利用客数の状況をみてみよう。

表2　青森県・静岡県の温泉地利用客数

年	青森県		静岡県	
	男	女	男	女
1897	11,508	9,367	211,610	117,436
1898	6,814	7,850	305,828	145,089
1899	5,729	4,422	179,845	101,329
1900	6,623	5,437	308,409	160,673
1901	7,016	4,916	236,433	111,623
1902	6,226	4,021	218,635	107,216
1903	10,547	6,820	215,181	119,643
1904	9,823	7,628	424,241	87,511

出典：各年度『青森県警察統計表』温泉客舎の投宿のみの数字，『静岡県警察統計表』（浴客人員）より作成．

表2は、青森県と静岡県の温泉地利用客数を表したものである。青森県は統計で旅人宿・下人宿・温泉客舎などに分類されており、静岡県は管轄の警察署の区域ごとに利用者数を表記していた。限られた統計ではあるが、当時の状況をみてみよう。青森県の温泉客舎の利用客数は年間一、二万人に対し、東京・横浜に近接した伊豆を抱えた静岡県の利用客数は鉄道開通の効果もあって年間数十万人の

規模であった。

利用客数の推移に違いはあるものの、男女比では青森県の一八九八年を除いて、女性は男性の二分の一から三分の二程度で、特に静岡県では男性の割合が高かった。一九〇〇年代に出版された女性向けの手紙の文案の手習い本には、湯治場から友人への手紙の書き方が実例として掲載されていたことからも、一定数の女性が湯治療養で温泉地を訪れていたのである。

戦争と温泉

表3は一九〇四年の静岡県の熱海警察署と大仁《おおひと》警察署の管轄の温泉地の利用客数を表したもので、熱海には熱海温泉、大仁には修善寺温泉や古奈《こな》温泉が所在していた。一九〇四年夏以降、男性客が急増し、女性客がほとんどいない状況であったことが確認できる。男性客数の激増と女性客数の急減の原因は、一九〇四年二月に始まった日露戦争であった。

日露戦争では、大量の兵士が動員されるとともに、中国大陸での戦闘において多くの兵士が負傷した。そうした傷病兵らは、大陸から還送され、日本各地の陸軍病院に収容された。その後、日々増加する傷病兵を収容する病院を急遽建設したものの、収容が追いつかない状況となった。病院施設の収容力が限界を迎えた一九〇四年秋頃から、脚気《かっけ》など軽傷の傷病兵が観光地や温泉地に設けられた転地療養所に移送されたのである。施設建設に余裕がない状況で温泉地の旅館が軍隊によって借り上げられ、多くの兵士が収容された。熱海や修善寺でも軍によって旅館が借り上げられ、一間に数人が寝泊まりする状況で、傷病兵らは療養した。温泉旅行ではないものの、彼らにとって、普段経験することが少ない温泉地を訪れるきっかけになった。こうした傷病兵の様子は、新聞報道で多くの人に知るところとなった。そして、全国の温泉地・観光地の転地療養所に収容された傷病兵は、合計で八万人を数えた。日露戦争後、陸軍は傷病した兵士の療養のための転地療養所を全国五ヵ所（飯《いい》坂《ざか》・山代・熱海・岩屋《いわや》・別府）に設置した（高柳、二〇一二）。

表3　1904年の熱海・大仁温泉浴客人員（延人数）

月	熱　海	内男性客	大　仁	内男性客
1月	16,729	10,393	5,529	3,985
2月	18,167	9,800	5,372	3,477
3月	9,873	5,721	8,335	5,299
4月	13,594	8,100	18,952	11,272
5月	7,244	4,728	10,927	6,814
6月	4,656	3,217	8,277	5,018
7月	6,641	4,877	9,255	6,447
8月	9,321	6,100	15,635	8,608
9月	26,597	23,025	21,999	17,870
10月	66,344	64,946	51,416	47,638
11月	56,156	55,281	31,026	29,966
12月	40,120	39,229	11,405	10,673
計	275,442	235,417	198,128	157,067

出典：『静岡県警察統計』明治36・37年度版，温泉浴客人員より作成．

注：熱海は熱海温泉，大仁は古奈温泉・修善寺温泉など，各温泉地の利用客数の合計である．合計には，男女のほか外国人浴客も含む．

湯治療養の場としての温泉地

傷病兵の療養にみられるように、当時の温泉地と療養との関わりは強く、湯治療養も広く行われていた。明治初期にドイツから日本を訪れ温泉医学の父と呼ばれたベルツは、温泉を利用した医療・療養施設の設置を政府に進言するなど、医療の場としての温泉地の活用を模索していた。実際に全国の温泉地をめぐって調査するとともに、その成果をヨーロッパに紹介した。

政府もこうした温泉を療養に活用する施策を講じ、一八八五年熱海温泉に噏滊館《きゆうきかん》と呼ばれる宮内省の施設が誕生した。噏滊館は肺病患者への吸入療法による療養施設として運営された。間欠泉であった大湯の蒸気を利用した施設で、その蒸気を館内の吸気室に導き、吸入する方法がとられていた。明治中期の熱海温泉では、旅館主らによる申し合わせに、旅館営業者は宿泊した浴客から一日最高四銭から最低一銭の湯銭を徴収するとともに、浴客の病状（ない場合もあり）や職業を噏滊館に併設された温泉取締所に報告することが規定されていた。こうした噏滊館の利用を前提とした温泉療養の展開は、明治終わりには任意なものに変化していった（熱海市、二〇一七）。

近代医学の療養施設が建設される一方で、多くの温泉地では近世から続く湯治療養が行われていた。草津温泉では、ベルツもその入浴方法に驚いたとされる「時間湯」と呼ばれる独特の入浴方法が幕末に登場し、「白旗《しらはた》の湯」「熱《ねつ》の湯」「松《まつ》の湯」「鷺《さぎ》の湯」「地蔵《じぞう》の湯」「千代《ちよ》の湯」といった共同浴場で用いられていた。時間湯は高温の源泉に入浴するための方法として考案されたもので、例えば、「熱の湯」では、隊長の号令の下で湯をかき混ぜながら、約五〇度の湯に入浴を繰り返したという。一度に数十人がいっぺんに入浴し、号令の下、二、三分の入浴を繰り返していた。この時間湯に入浴するものは何らかの病の療養のためであり、梅毒に効果があるとされていた。ただ、高温の温泉に入浴することは死と隣り合わせであり、多くの利用者が命を落としたという。

このように、明治期の温泉地では娯楽や観光よりも療養を目的とした利用が主で、近世から続く湯治に加え、西洋医学を前提とした療養も展開していたのである。

温泉地の滞在費用

では、明治期における湯治療養や温泉旅行がどの程度の費用で行われていたのか、寺社参詣の旅行と比較してみよう。一八七〇～一八九〇年代の地方民衆層の寺社参詣では一泊一〇～三〇銭程度の宿泊料が必要であった（この点、東京市内の宿泊料もおおむね二五～三五銭程度であった）。宿泊料・土産代・食費などを含めた一日の必要経費は六〇～七〇銭程度が必要で、一ヵ月程度かけての旅行の場合、一人二〇～二五円程度の費用がかかっていた。

一方、一九〇〇年代の湯治療養の費用では、草津温泉に滞在した埼玉県の男性は五六日間で四六円、東京の男性は四九日間で四八円の費用がかかっていた。その内訳は、夜具宿料で一三・五円、湯銭一・六八円（一日三銭）、白米七円などであった。湯治療養では、食糧、燃料、布団や下駄など生活雑貨、賄料などが必要であったため、寺社参詣と比べ宿泊費がかかっていた。ただ、湯治場の費用には地域差があり、草津の場合一日一円程度であった滞在費も、大分の湯平《ゆのひら》では一日二五～五〇銭程度で済んでいた。

湯治ではなく賄いなどを旅館に求めた場合、一九世紀末の熱海温泉の宿泊料は、一日平均六〇～七〇銭、一週間合計四～五円程度必要であった（一週間で客室料が八畳間を借りて二円程度、寝具は木綿の場合で六〇銭程度、温泉料が一〇銭、雇が三〇～四〇銭、そのほか食事などの諸費用が二円程度）。今日では一般的な一泊二食付きのスタイルはまだ珍しく、旅館自らが食事を用意する仕組みではなく、食事を提供する料理屋が多く存在していた。

一週間で三～七円程度の幅で宿泊費用が必要、かつ交通費や温泉地での諸費用をいれると、一週間の温泉旅行には少なくとも一〇円程度の費用が必要であった（高柳、二〇二二）。

明治終わりの都市の工場労働者の生活水準は都市下層をようやく脱した程度で、一月二〇円前後の収入であった。工場労働者の生活は向上していたものの、支出の約五割が食費、三割が住居費に充てられ、残りが被服費やその他雑費として使用されていた。当時の工場労働者の半月から一月分程度の費用が必要であることからも、温泉旅行のハードルは高かっただろう。また、明治期に登場したホワイトカラー層（大学を卒業した月給五〇円以上の層）でも、工場労働者に比べて収入が多かったものの、簡単に旅行へ行くことは難しかった。一方、各地の資産家は明治期以降、鉄道を利用して東京や大阪といった都市に赴き、博覧会見物や新たな西洋の文物を購入するなど楽しみ、その旅行の途中に温泉地を訪れていた（中西・二谷、二〇一八）。交通費の低下も含め、多くの人々が温泉旅行を楽しむのはもう少しのちの時代になる。

大衆化する温泉旅行

大正・昭和戦前戦時期

湯治療養と観光・行楽

温泉療養の場

二〇世紀初頭の温泉旅行は、交通機関の進展によって以前よりも安価な存在になりつつあったものの、人々の生活にとって必ずしも身近なものではなかった。近代医学の治療を受けることが難しかった当時、様々な病を治療するため温泉地を訪れ、長期間の滞在を前提とした湯治による療養が目的の主であったからである。

では、人々はどのように湯治療養を行う温泉地を選ぼうとしたのだろうか。先述したように、個々の温泉地を対象とした温泉案内は、一八八〇年代以降数多く出版されるようになった。ただ、案内には、それぞれの温泉地の気候や環境、温泉の泉質に適した温泉療法や転地療養に関する入浴回数や方法、飲泉の可否といった情報が記されたものの、どのような病に、どこの温泉地の源泉が適しているのか、病状と泉質や温泉地との関連について網羅的に把握することが難しかった。

その点、一九一〇年に出版された長尾折三《ながおせつぞう》（藻城《そうじょう》）編『日本転地療養誌』は、転地療養の適地として全国の海水浴場や温泉療法ができる温泉地を網羅的に紹介している。同書では温泉の泉質とその効能、気候ごとの温泉療法の詳細な方法のほか、それぞれの温泉地の概要について述べられている。各地の温泉地の泉質・環境と温泉療法の情報を結びつけたところに特徴があった。例えば、単純泉や塩類泉など七つの泉質をとりあげ、それぞれの泉質の特徴と効能がある病状を記すほか、泉質と温泉地を地域ごとにまとめた一覧を設けていた。人々はこうした出版物を手掛かりにしながら、自分の病状に応じた温泉地での温泉療法や療養を実現させていたのだろう。

湯治療養の実相
―文豪と温泉地

実際に、それぞれの病状によって、湯治療養を行う温泉地は選ばれていた。草津《くさつ》の医師が書いた『草津鉱泉療法』（一九〇七年）には、草津での湯治で病が治癒された実例を紹介している。例えば、千葉県の二三二歳の男性は、湿疹《しっしん》などの皮膚病を七週間の入浴で完治させている。また、静岡県の二五歳の男性は、一五週に及ぶ入浴で下腿部の腫瘍《しゅよう》を全治させた事例が示されている。草津は高温泉でかつ硫黄泉が湧出し、古くから他所で治癒が難しい皮膚病や梅毒といった病状の患者が療養していた。

一方、単純泉の温泉地には、関節痛や胃腸病といった病状の患者が訪れていた。当時、人気作家であった村井弦斎《むらいげんさい》は、一九一五年に一三歳の娘を修善寺《しゅぜんじ》温泉に湯治療養させている。リウマチを患った娘を鍼治によって治癒させたものの体が衰弱したため、修善寺の新井《あらい》旅館に約二ヵ月間滞在させた。修善寺では、入浴と合わせてマッサージを施し、食事にも気をつけることで早く体調を回復させたのである（村井弦斎『家庭の衛生』実業之日本社、一九一五年）。

彼女が滞在した修善寺には、数多くの作家・文豪が療養のため訪れていた。泉鏡花《いずみきようか》や芥川龍之介《あくたがわりゆうのすけ》が訪れていたほか、一九一〇年には夏目漱石《なつめそうせき》が療養のために菊屋《きくや》を訪れている。漱石は、菊屋で大量に吐血したのち、二ヵ月間生死をさまよっている。当時から、作家らはそれぞれ贔屓《ひいき》の温泉地や旅館に長期間逗留し、療養とともに執筆活動を行っていた。修善寺以外にも、一九一三年に電車事故を負った志賀直哉《しがなおや》は、城崎《きのさき》温泉に逗留し「城の崎にて」を執筆している。また、歌人与謝野晶子《よさのあきこ》も温泉好きで様々な温泉地を何度も訪れ、なかでも箱根《はこね》には二七回訪れていた（さかい利晶の杜「学芸ＷＥＢ通信　ＲＩＳＨＯ」№１、二〇二三年）。彼女の温泉地での滞在の様子は、エッセイだけでなく、詩・歌として数多く残されている。

それぞれの病状によって療養する温泉地は異なるものの、いずれも数週間にわたって温泉地に滞在する点は共通していた。温泉地での療養は、入浴効果によって病を治癒させるだけでなく、転地の効果も含め人々の体を回復させていたのである。

家族の温泉旅行

療養を中心とした温泉旅行は長期間の滞在であったため、家族総出で温泉地に赴くのではなく、療養する当事者のみか、その連れ（主に夫婦）と滞在していた。ただ、第一次世界大戦期以降、家族同伴で温泉地を訪れるようにもなっていた。当時の小学生の夏休みの日記から温泉旅行の様相をみてみよう（港区教育委員会『デジタル港区教育史』）。

赤坂区（現港区）の白金《しろがね》尋常小学校に通う五年生の男子が夏休みに書いた絵日記に、家族と訪れた温泉旅行での出来事が記されている。男子が書いた「夏休みおさらい日記」には、一九一八年七月二一日〜八月三一日までの出来事が毎日ではないが記されている。出発は七月二八日（日）、朝三時に起きて、家を八時に出発、上野駅から列車で伊香保《いかほ》に向かった。初日に「心ゆたかにおんせんにはいった。僕はこのおんせんが一番好きだ」と記している。翌日からは伊香保でどのように過ごしたのかが書かれており、翌朝も「おんせんにはいって心ゆたか」になったように、毎朝温泉には入浴していたようである。午後は、湯元・七重の滝・伊香保神社をめぐっている。三〇日は宿で五目並べや街の散策をして過ごし、三一日には、榛名山《はるなさん》に登山に出掛けている。八月一日は疲れて宿で過ごしたのち公園で遊び、翌二日（金）は父親が帰京するため見送りに行っている。三日からは、叔父さんと呼ばれる人との写生や伊香保で出会ったと思われる「友人」と遊ぶ様子が記されている。八月九日には水沢《みずさわ》観音にも参りに出かけている。そして、八月一一日（日）には父親が妹を連れて再び訪れ、喜んで宿屋に帰ったことが書かれている。その後、父親と付近の山に登ったり、伊香保の湯を飲泉したりと過ごして、八月一六日（金）、一一時の電車で帰京した。この家族の構成やどの程度の人数で伊香保温泉を訪れたのかはわからないが、記述中には父親と妹のほかに弟が登場する（ほかの場面では母親も登場する）。二〇日間の伊香保での滞在は、湯治でいえば七日間の三周りとなる。病を抱えて伊香保を訪れたのか、その理由はわからないが、約三週間滞在すれば、それなりの費用がかかったと思われる。まだ観光遊覧の場がほとんどない温泉地では、温泉に入浴するほかは、付近の景勝地（滝や山）を訪れるか、宿屋で過ごすか、とにかくゆっくりするしかなかったことがうかがわれる。

休日の普及と都市近郊への日帰り旅行

第一次世界大戦期、大都市を中心に余暇活動が活発となり、都市の繁華街では、映画・劇などの余暇・娯楽が楽しまれるようになった。旅行は余暇活動の一つとして注目され、人々が旅行する機会も増加した。余暇活動の拡大の背景には、休日制度の普及の影響もあった。当時、多くの商店や工場では、盆と正月の休日のみが定まるだけで休日は不定期であった。定まった休日が設けられていたのは、都市で増加し始めていた新中間層（俸給生活者や自由業の人々を指し、公務員や企業に勤めるサラリーマン、教育関係者らがあてはまる）と呼ばれる人々であったが、第一次世界大戦期以降になると、商店や工場労働者にも休日制度が拡大したのである。一九一九年の調査では、業界ごとに「公休日」が設定され、月二日程度の休日が設けられるようになり、休日の過ごし方の一つとして「行楽」が推奨されるようになった（赤井、二〇一六）。

近世の浮世絵に描かれるように、都市周辺の行楽地をめぐる物見遊山は、江戸の人々の楽しみの一つであった。二〇世紀以降の郊外への観光・行楽は、後述するように大都市近郊に路線を伸ばしていた民営鉄道の利用客増加を目的とした施策と結びついていた。加えて、一九一〇年代以降、田山花袋《たやまかたい》や松川二郎《まつかわじろう》などの作家によって、『東京の近郊―一日二日の旅―』や『日がへりの旅―郊外探勝―』といった郊外への気軽な旅を提唱する観光案内が出版された。郊外への観光・行楽が、都市に住む人々の余暇・娯楽として受容され、交通機関を利用して、家族を連れだって観光地や温泉地に出掛けるようになった。

観光・行楽を目的とした旅行の普及は、温泉旅行のありようにも影響を与えた。湯治療養のため都市から離れた温泉地に長期間滞在するのではなく、余暇の過ごし方の一つとして、日帰りまたは一、二泊程度の温泉地での短期の滞在を楽しむようになったのである。

日帰りで楽しめる都市近郊の温泉として、東京では大森区《おおもり》（現大田区）付近にあった森《もり》ケ崎《がさき》鉱泉があげられる。森ケ崎鉱泉は明治の終わりに発見された温泉で、一九一〇年代終わりには「宿屋兼料理屋十六戸アリ」、年間五万人程度が利用する温泉地であった（ただ、その後の都市化や太平洋戦争によって温泉施設はなくなり、現在では石碑が残るのみである）。一方、関西では神戸の湊山《みなとやま》温泉があげられる。歴史ある同温泉は神戸市市街からも近く、浴場が設けられ入浴料六銭で楽しむことができ、年間約二〇万人が利用していた。

鉄道会社が手掛けた温泉レジャー

都市に近接した温泉施設が利用されるようになるなか、遊園地や観光施設に併設された日帰り入浴施設が、鉄道会社や土地開発業者らによって整備された。なかでもその先駆けとなったのが、箕面有馬《みのおありま》電気鉄道が整備した新宝塚《しんたからづか》温泉である。同温泉はもともと武庫川《むこがわ》の川岸に湧く温泉で、鉱泉を引いた浴場が整備されていたものの、鄙《ひな》びた温泉地であった。社長の小林一三《こばやしいちぞう》は、大阪・神戸からの鉄道利用客を増加させるため宝塚一帯に温泉を含めた遊興施設を建設した。一九一一年に大浴場や家族風呂を備える温泉施設、翌年には室内水泳場を有するパラダイスと呼ばれる娯楽施設を建設したほか、一三年に宝塚唱歌隊（のちの宝塚少女歌劇団）を設け劇場での公演を実施した。その後、一九二〇年代には大火での焼失をきっかけ

図３　絵葉書「宝塚新温泉ト大劇場ノ全景」

に温泉施設を改築したほか、遊園地・植物園・運動場などを備えたレジャーランドが形成された（阪神急行電鉄株式会社編、一九三二）。この施設の入場料は大人五銭、子ども二銭、家族湯の貸し切りが一時間五〇銭であった（辻本、一九一五）。一九〇九年時の映画館入場料が一五銭（一九一八年時でも二〇銭）であったことからも、これら日帰り温泉施設の入浴料が安価であったことがうかがえる（週刊朝日編、一九八八）。

　宝塚のような温泉施設は同時期の阪神間にいくつか誕生している。一九一〇年代にラジウム温泉が発見された六甲山《ろっこうさん》中腹の苦楽園《くらくえん》や甲山《かぶとやま》の南に位置した甲陽園《こうようえん》は、宝塚温泉と同時期に温泉施設とレジャー施設が併設された。苦楽園は、阪神電車香櫨園《こうろえん》から二里程度の距離に位置した温泉施設で、旅館・食堂のほか、遊技場も併設され、入浴料は一五銭であった。甲陽園でも遊園地・クラブハウスのほか、料亭・映画館が開設された。当時の阪神・阪急の車内には、「温泉めぐり」の沿線案内にこれらの温泉施設も紹介されていた。ただ、ともに経営は長続きせず、その後は高級住宅地へと変貌を遂げている。

遊園地や観光施設とセットに提供される都市周辺の温泉施設（主に日帰り施設）の流行は、それまで湯治療養中心であった既存の温泉地、特に都市から近い距離にある温泉地に影響を与えた。同時期の熱海《あたみ》温泉の旅館主らは、交通機関の進展とともに、長期滞在から一、二泊程度の短期滞在の宿泊者の増加を予期し、滞在目的の変化と滞在日数の短縮に対応するため、観光施設建設や旅館規模の拡大など様々な施策を模索した（高柳、二〇二二）。湯治療養目的ではなく、温泉を楽しむ利用客が間もなく増加していくことになる。

全国化する温泉案内

それまで観光地・温泉地を対象とした案内や旅行書はある特定の地域や温泉地を紹介するにとどまっていたものの、第一次世界大戦期に全国の観光地・温泉地を紹介した旅行書が数多く出版されるようになった。

一九一七年には『日本温泉案内―保養遊覧― 附・入浴者の心得』、一九二〇年には温泉地などを網羅的に扱う温泉地紹介の旅行書として『温泉案内』が出版された。ともに全国の温泉地の特徴や旅館の状況、具体的費用、主要都市からの交通アクセスなどに加え、巻末には温泉の入浴方法といった療養の手引きがおさめられていた。前者の『日本温泉案内』は温泉地の源泉の泉質や効能、宿泊情報などが豊富な一方、鉄道院が発行した『温泉案内』は、主要幹線沿いの温泉地が約三四〇ヵ所とりあげられ、豊富な温泉地の写真とともに各地の情景が記されていた。ともに利用客側である都市住民の視線から描かれた温泉案内であった。

ただ、こうした温泉案内は、まだ観光・行楽を主とした案内としての性格は弱く、療養先を選ぶための温泉案内という点が重視されていた。実際、湯治療養に対するニーズはまだ強く、先述した松川二郎は『保養遊覧湯治場めぐり』（一九一九年）、『療養本位の温泉案内』（一九二二年）の二書を出版している。この二書では、湯治療養を目的とした案内として、泉質・効能を詳記するとともに、湯治場の様子も紹介している。宿泊を伴う形での温泉旅行では、まだ療養を目的とした旅行が根強かったことがうかがえる。

一九一〇年代の温泉旅行の費用

では、当時の温泉旅行の費用をみてみよう。第一次世界大戦期の人々の賃金は、それほど高いわけではなかった。第一次世界大戦中の一九一六年の東京市内の日雇い賃金は日給六二銭、大工一円一八銭、石工一円四〇銭であった（『東京府統計書』）。当時の多くの労働者世帯では、家族の多就業（内職など）が一般的であり、それら家族の収入を合せれば、世帯収入は三、四〇円程度であったと思われる。一方で、ホワイトカラーであった銀行職員の初任給は一九一八年時に月給四〇円を超え、また帝大出身の官吏の賃金水準はそれ以上に高く、一九一八年時の初任給は七〇円であった（週刊朝日編、一九八八）。

第一次世界大戦期の温泉旅行の費用は、都市近接の温泉施設を利用する日帰りでは一人数銭で、家族全員でも鉄道利用と入浴料が一円程度で温泉を楽しめた。一方、近隣の温泉地、例えば熱海へは、交通費に東京―国府津《こうづ》間三等八〇銭、国府津―小田原《おだわら》間二等一五銭、小田原―熱海間三等七〇銭で片道一円六五銭が必要であった。また、熱海での宿泊費用は、宿料で五〇銭〜二円五〇銭、食事代に二〇〜八〇銭必要で、一泊最低でも一円程度かかった（『日本温泉案内―保養遊覧―附・入浴者の心得』）。交通費・宿泊費や諸経費を含めると、二、三日滞在するには、少なくとも一人五円程度かかった。多くの人々にとって、宿泊を伴う温泉旅行の費用を捻出するのは困難であったものの、都市近接の温泉施設は、気軽に日帰りで利用できた。そして、ホワイトカラー層などの高い収入を得る階層の一部が、熱海など近隣温泉地での宿泊を楽しんでいたのである。

第一次世界大戦期、温泉旅行は療養の要素がまだ根強いなかで、徐々に観光・行楽の要素を色濃くすることとなった。都市郊外への日帰り・短期滞在の旅行の普及は、人々の消費生活のなかで温泉旅行を身近な存在にするとともに、長期間の湯治療養を目的とした旅行スタイルから短期滞在型の観光・行楽中心の温泉旅行の拡大を促すこととなった。第一次世界大戦期以降、鉄道会社によって整備された遊園地や観光施設に併設された温泉施設において、人々は温泉を気軽に楽しむことが可能になり、温泉旅行のありようが大きく変わってきた。都市近郊の施設によって温泉を利用できるようになった都市住民の多くは、その後、交通機関の進展や料金低下により、短期間滞在で安価に温泉地をめぐるようになった。

不況下でも盛況

温泉旅行は盛況

第一次世界大戦期、日本経済は好景気に湧き、多くの温泉地で利用客数を増加させた。実際、一八八四年に約四〇〇〇万人であったわが国の温泉地の利用客数は一九二〇年代には約一七〇〇万人にまで増加し、多くの人々が温泉旅行を楽しむようになった。大戦後の一九二〇年三月の株式市場暴落以後、日本経済は長い不況に突入した。しかし、景況が悪化したにもかかわらず、温泉地の利用客数は大きな影響を受けなかった。一九二〇年代前半に宿泊客数は減少傾向にあったものの、二〇年代後半には利用客数を増加させる温泉地も存在していたのである。

第一次世界大戦期以降、大都市には多くの人々が集住するとともに生活水準の上昇もみられ、都市的な生活様式が定着し始めていた。ラジオ・新聞・雑誌の普及とともに、映画など余暇が人々の生活のなかに浸透したのである。そうした社会の変化を受け、都市周辺の遊園地や日帰り温泉施設に加え、既存の温泉地への旅行も増加した。例えば、伊豆《いず》半島の温泉地では一九二三年の関東大震災の影響を受けつつも、交通網の進展に伴い宿泊客数を増加させた。一九二五年には小田原—熱海間の熱海線が開通し、東京—熱海間が約二時間半で結ばれ、短期滞在を主とする温泉旅行が拡大する契機となったからである（高柳、二〇〇七）。また、他所の温泉地でも、交通網が整備された温泉地では、一九二〇年代に宿泊客数を増加させていた。愛媛県の道後《どうご》温泉では、明治終わりに建設された道後温泉本館（現重要文化財）をはじめ、様々な浴室を設け、一九二〇年代初頭には西湯《にしゆ》（一九二二年）を開設したほか、養生湯《ようじょう》（一九二四年）、鷺の湯《さぎ》（一九二七年）の改築の効果から、浴室の利用客数を増加させていた。

船旅による温泉めぐり

道後・別府《べっぷ》など瀬戸内海に面した四国や九州の各所を訪れるには、瀬戸内海を航行する船舶が利用され、大阪・神戸からは半日から一日程度で訪れることが可能となっていた。瀬戸内海航路を運航していた大阪商船は、自社が発行する雑誌や観光パンフレットにおいて、航路に点在する温泉地の案内や観光ルートの紹介を積極的に行い、航路の利用客数増加を企図していた。

一九二六年正月号の同社発行の雑誌『海』には、大阪・神戸と航路を結んでいた別府・

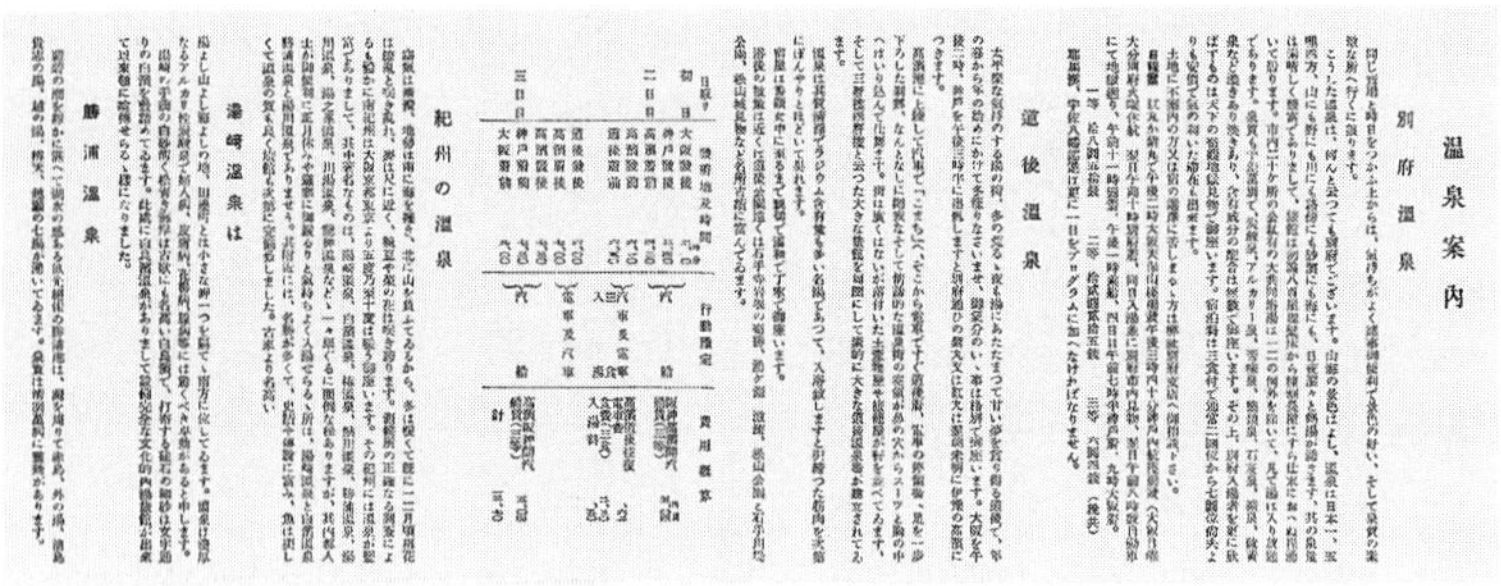
温泉案内

別府温泉

道後温泉

紀州の温泉

湯崎温泉は

勝浦温泉

図４　大阪商船『温泉案内』パンフレット

道後・和歌山県の湯崎《ゆざき》（白浜《しらはま》）と勝浦《かつうら》温泉がとりあげられ、それぞれの温泉地への観光案内のモデルコースが示されていた。例えば、道後へは、大阪午後二時、神戸午後三時四〇分にでた船は道後の最寄の港である高浜《たかはま》に翌早朝に到着。松山市内や道後温泉には伊予《いよ》電でめぐり、同日、夜七時半高浜発の汽船で三日目の朝には神戸・大阪に帰着するという行程である。現地では宿泊しない〇泊三日の弾丸ツアーで、費用は汽船往復一〇円、松山・道後での滞在費約五円あわせて、一五円程度であった。湯崎や勝浦でも同様に、現地に宿泊しない行程では約一〇円、宿泊を要した場合は追加で三〜五円程度必要であった。こうした交通機関による取り組みに加え、後述するような温泉旅行に関連する様々な諸機関・施策が登場し、旅行客の拡大を支えることとなる。

旅行会社の登場

人々が旅行する際、交通機関や宿泊先の予約はどのように行っていたのだろうか。旅館などには、手紙や電話で予約をとることは可能であったものの、旅行に慣れない人々がそうした手配をすることは面倒であった。

明治半ば以降、各地域の温泉案内が出版され、交通網も進展したものの、遠隔の宿泊地の状況や食事をする場、交通アクセス（乗り換えや時刻表など）など、まだまだ旅行者にとって確実に旅行するための情報入手はハードルが高かった。加えて、後述するように旅館の宿泊費も不明瞭であり、安心して旅行することが難しかった。その後、こうした旅行の行程管理や交通機関、宿泊先の予約といった業務を主とする旅行の斡旋業者や諸機関が登場するようになった。

明治終わりに東海道線草津駅（滋賀県）で構内営業を営んでいた南新助《みなみしんすけ》は、高野山《こうやさん》や伊勢《いせ》神宮の参詣団を世話したことをきっかけに、のちの日本旅行会（現株式会社日本旅行）を組織している。南が企図した寺社参詣の団体旅行では、途中で観光地もめぐっていた。例えば、善光寺《ぜんこうじ》の参詣団では、江《え》の島《しま》・鎌倉《かまくら》・日光《にっこう》といった観光地をめぐり、その後、展開した観光遊覧旅行では周辺の温泉地に宿泊するなど、団体での温泉旅行が登場したのである。

旅行のパッケージ化

また、一九一二年には訪日外国人向けの旅行斡旋業として鉄道省管轄の外郭団体ジャパン・ツーリスト・ビューローが設立された。外客誘致の宣伝事業を主目的とした同組織は、一九二〇年代半ばから、省線の乗車券や遊覧券を販売するなど、国内旅行事業の拡大を目指すようになった。そして、個人が旅行する際に便利な取り組みとして、一九二五年にクーポン券を発行した。今日ではクーポン券といえば、「旅行支援」で用いられるような割引券が想定されるが、当時のクーポン券は、正式には「クーポン式遊覧券」と呼ばれ、乗車券や乗船券、自動車券、そして宿泊での旅館券が一冊にセットとなった切符であった。旅行者はそのクーポン券を鉄道の乗車時や宿泊先で提示し使用した。出発から旅館の宿泊、帰路まで、それぞれ切符を買う手間や面倒を省いた点がこのクーポン券の利点であったのである。

省線の鉄道運賃一割引や旅館での茶代不要を明記し、お得で費用の総額が明示されるクーポン券は好評を博した。当時、旅館に宿泊する際には宿料や食事料とは別に茶代と呼ばれる費用を支払う必要があった。茶代とは「旅館・飲食店で宿泊料・飲食代のほかに、心づけとして与える金銭・チップ・茶銭」の費用で、宿泊料と同額または三〜五割というのが相場であった。こうした代金がクーポン券の利用では不要となったことで、温泉旅行の費用低下が実現したのである。同社では、関東近郊に限定されていたクーポン券を、東北・九州・植民地へと範囲を拡大させ、一九三四年までに二三〇ヵ所の遊覧券を売り出している（日本交通公社、一九八二）。

こうした旅行斡旋業の展開は、温泉地への観光遊覧旅行や団体旅行を実現させ人々が旅行する機会を拡大させるとともに、旅行へのハードルを下げる効果を有していたのである。ただ、人々が簡単に旅行の相談や予約をすることはまだまだ難しかった。街に旅行会社の窓口が設けられている現在と異なり、旅行の予約やその相談をする場がほとんどなかったからである。ジャパン・ツーリスト・ビューローの案内所では、鉄道省の乗車券や遊覧券を販売するようになっていたものの、当初案内所は横浜・神戸・下関《しものせき》・長崎など外客誘致《に》に適した地域に偏っていた。一般の人々の利用がしやすいように、一九二五年以降、日本橋三越《ほんばしみつこし》内を皮切りに都市部で開設され、その後、銀座松屋《ぎんざまつや》や大阪三越といった百貨店内に設置されるようになった。一九四〇年代までに外地を含め案内所は二〇〇ヵ所に拡大している（後述するように、外地での増加は著しい）。

旅行雑誌の登場

一九二〇年代以降、『キング』や『文藝春秋』といった月刊誌が創刊されるとともに、発行数が一〇〇万部を超える新聞も登場するなど、人々は雑誌・新聞から様々な情報を得ることが一般的となっていた。同時期に旅行をテーマとしたジャパン・ツーリスト・ビューローの『ツーリスト』や日本旅行文化協会（のちに日本旅行協会に改編）の『旅』などの月刊誌も発刊され、国内旅行を中心に観光・行楽に関わる記事で構成されていた（ジャパン・ツーリスト・ビューローと日本旅行文化協会はのちに合併する）。全国の観光地や温泉地を紹介・案内する旅行雑誌の登場は、観光行楽を目的とする旅行を身近な存在とさせるだけでなく、観光・行楽旅行のモデルコースや宿泊に関する様々な情報を含め、旅行費用や行程にかかる日数などを検討する材料を提供することとなった。

また、個別の観光地や温泉地を対象とした案内も引き続き各地で出版された。例えば、『温泉の伊豆』は、一九二五年に設立された静岡県温泉組合連合会が発行した伊豆半島の温泉案内で、それぞれの温泉地の全景や名所の写真のほか、著名な文筆家による温泉地案内が掲載され、旅館案内は個々の旅館広告を頼りにしていた。湯治療養を紹介する案内に詳記されていた泉質や効能といった類の情報はほとんどなく、名所や情景を記すのみであった。

それまでの湯治療養を目的とした温泉旅行とは異なり、都市の新中間層を対象とした観光・行楽目的の温泉旅行では、一、二泊の短期滞在の温泉旅行が志向された。温泉の泉質といった湯治療養に必要な情報よりも、より快適に楽しく過ごすための観光施設や整った旅館設備の有無といった情報が求められるようになっていたのが誌面からうかがえる。

新興の温泉地と湯治療養の停滞

温泉旅行の増加は、全国各地での温泉地開発を進展させ、新たな温泉地が誕生した。例えば、鳥取県の皆生《かいけ》温泉は、海沿いの温泉地として、湧出した温泉を供給する仕組みを設けながら計画的な温泉地として発展をとげた。また、鉄道との結びつきの強い温泉地も数多く開発され、東京近辺では箱根登山鉄道の開通をきっかけにして、仙石原《せんごくはら》や強羅《ごうら》での別荘開発が行われた。

こうした新興温泉地が登場する一方、湯治療養が中心の温泉地の宿泊客数は、第一次世界大戦期に増加したものの、その後伸び悩んだ。湯治療養客を中心とした別府温泉の鉄輪《かんなわ》地区では、第一次世界大戦以前に六万人程度であった宿泊客数が、第一次世界大戦期に一二万人程度まで増加したのち、一九三二年までに六万人に減少した（小堀・山村、二〇〇四）。湯治療養のメッカである草津温泉では、第一次世界大戦期から約二〇年間の入湯客数は年間一五～二〇万人で推移し、大きな変動はみられなかった（草津温泉誌編さん委員会編、一九七六）。農閑期など長期の休みがとれる農業者と違って、工場や企業で働く都市住民は、湯治療養で必要な数週間から一、二ヵ月程度の休日をとることが困難であった。人々のライフスタイルが変化し、短期滞在を主とする温泉旅行が志向されるなか、長期滞在が不可欠な湯治療養を目的とした温泉旅行の拡大には限界があった。

日帰り温泉施設の拡大

一方で、少ない休日を楽しむスポットの一つとして、人々は都市に近接した温泉施設を頻繁に利用するようになった。大阪電気鉄道（現近畿日本鉄道株式会社）は、一九二〇年代後半に上本町《うえほんまち》—奈良間のあやめ池や生駒山《いこまやま》に遊園地を建設している。あやめ池遊園地では一九二七年に炭酸温泉が湧出し、一九二九年に一〇〇〇坪規模の建物のなかに大浴場ほか、食堂・遊技場を設けた「あやめ池温泉場」を開業している。大阪府南部の長野《ながの》線でも一九二三年に汐ノ宮《しおのみや》温泉が開設された。当初は近隣農村からの利用客が中心であったものの、施設を改築して一九三四年には新たに「汐ノ宮温泉」を開業させている。ほかにも奈良での温泉施設建設が計画されるなど、レジャー施設の一つとして日帰り温泉施設が位置づけられていた。

第一次世界大戦期以降、東京でも民営鉄道会社が集客のため、向ヶ丘《むこうがおか》遊園や谷津《やつ》遊園といった遊園地を建設し、遊園地と融合した入浴施設も建設された。一九二五年に目黒蒲田《めぐろかまた》電鉄多摩川園《たまがわえん》駅に設けられた「多摩川園」は、目黒から一五分程度、往復三〇銭で訪れることができる遊園地であった。多摩川園には、温泉ではないものの湧水を利用した大理石の風呂があった。加えて、東京横浜電鉄は一九二七年に「綱島《つなしま》温泉浴場」を開設している。多摩川園と同様に遊園地も計画されたものの、ここでは浴場のみの経営であった。入浴料は二〇銭で往復乗車券を所持した利用客は入浴料が無料であった。

温泉地の観光地化

こうした都市周辺の温泉が融合したレジャー施設の利用が盛んになるなか、それまで湯治療養が主目的であった既存の温泉地においても、遊園地を併設した温泉施設や景観を売りにした観光名所が整備されるようになった。特に、一九二〇年代の別府温泉では数多くの施設が整備された。鉱山で使用していた山を切り拓き、当時珍しかったケーブルカーを設置した遊園地として「別府遊園地」（現別府ラクテンチ）が一九二九年に開園している。また、一九二五年に別府八景の鶴《つる》見《み》ヶ《が》丘《おか》の一角を開発した「鶴見園」が開設している。五万坪を超える敷地には、温泉施設として大浴場・むし湯・たき湯・砂湯・家族湯・温泉プールのほか、別府を眺望する展望台や休憩室、食堂なども備えられていた。特に定員六〇〇名の大劇場では、毎日午後一～五時まで専属女優が喜歌劇を演じていた。入場料は大人四〇銭、子ども二〇銭で楽しむことができた（一九二一年時の映画館入場料が三〇銭、一九三〇年

図5　鶴見園パンフレット（1925年）

図６　亀の井遊覧バス「地獄めぐり」パンフレット

時が四〇銭であった）。

　こうした遊園地だけでなく、別府には温泉資源を利用した観光名所も展開した。別府は、多くの泉質を有しているだけでなく、いたるところで噴気や熱湯が噴出し、そうした熱湯などが湧き出た場所は赤や青などに色づき「地獄」と称されていた。これら「地獄」が観光スポットとして展開したのは明治末期で、「地獄」の管理人が、訪れた観覧客から見学料を徴収したのが始まりであった。その後、一九二一年に皇太子（のちの昭和天皇）が「地獄」を巡幸したことをきっかけに人工的な掘削によって新たな地獄も出現した。ただ、これら「地獄」を観覧するには交通が不便であったため、観覧客自らが人力車夫などを雇って訪れていた。一九二〇年代終わりに、「地獄」を遊覧する「地獄巡り」のバスツアーが亀《かめ》の井《い》バスによって運行されるようになった。この発案者は、湯布院《ゆふいん》で旅館を経営していた油屋熊八《あぶらやくまはち》であった。熊八はアイデアあふれる経営者として知られ、同時期の別府の様々な遊覧施設や観光名所の整備に寄与した（中山、二〇〇五）。このほかにも、一九二七年には外湯施設である浜脇《はまわき》高等温泉が整備され、別府は観光地としての様相を呈するようになった。こうした別府の観光地化は、四国の道後温泉の利用客数にも影響し、道後での遊覧・観光施設建設を企図させる要因ともなった。

恐慌と鉄道会社の取り組み

一九二九年にニューヨーク株式市場の暴落から始まった世界恐慌は日本経済にも大きな影響を与え、一九三〇年代初頭、昭和恐慌に始まる深刻な不況を招いた。利用客数を増加させていた伊豆の温泉地や道後温泉でも、恐慌の影響で利用客数は減少した。そうした状況下で貨物輸送や乗降客数が停滞していた鉄道会社は、様々な取り組みを講じた。

鉄道省では、一九三〇年夏に、主要都市から観光地への各種鉄道線の割引乗車券を発売したほか、鉄道省運輸局旅客課では、一九三〇年一〇月から一九三四年まで雑誌『旅』の誌面で、毎号、観光地紹介を始めている。

私鉄でも様々な不況対策が行われた。小田急《おだきゅう》電鉄は、新宿・箱根湯本《ゆもと》・強羅への往復切符とケーブルカー・バスなどの割引がセットになったチケットを販売した。バスの三割引に加え、指定された旅館では宿泊費が三割引（昼食一円、宿泊費二円八〇銭）で利用でき、定額かつ安価に旅行できる仕組みを導入した。同様に、一九二九年に栃木県日光まで路線を延長させた東武《とうぶ》鉄道では、浅草《あさくさ》から日光や鬼怒川《きぬがわ》を回遊する割引切符（三日間有効で三円五〇銭であった。通常、浅草—日光間の片道が二円一八銭）を販売した。東武鉄道は日光・鬼怒川などの沿線観光地のパンフレットも発行して旅客輸送の増加に努めた。

鉄道会社による割引乗車券の販売は、鉄道運賃を二～五割ほど低下させた結果、旅行費の低下を実現し、旅行者の側にとっても定額に安価で旅行をすることを可能にした。

安価なコース設定

恐慌下で消費が減少するなか、少しでも娯楽生活を享受したいと考える人々は限られた予算内で旅行を収めようと模索していただろう。こうした旅行の費用に関する変化は、雑誌記事にもあらわれていた。一九三〇年一一月号の『旅』には、定額費用の旅を勧める提案として、簡易旅行（日帰り旅行）の案内が掲載されている。東京駅・新宿《しんじゅく》駅・両国《りょうごく》駅・上野《うえの》駅それぞれの拠点から、一円・三円・五円の費用で訪れることができる観光地や温泉地が紹介され、五円で訪れることができる関東の温泉地として、箱根強羅・熱海温泉などがとりあげられている（高柳、二〇二二）。

人々の余暇の過ごし方、休日のとり方に加え、安価な温泉旅行の志向は、短期滞在の温泉旅行のニーズを一層高めることとなった。恐慌下に安価な温泉旅行を楽しむことができる環境が整備され、一九三〇年代以降の景気回復によって、一層の温泉旅行の拡大をもたらすこととなる。

戦時中の旅行ブームの到来

一九三〇年代の温泉旅行ブーム

一九三〇年代初頭、昭和恐慌の影響から温泉地の利用客数は減少したものの、その後重化学工業の発展の下、都市部を中心に早期に景気回復を実現した。都市の住民らの余暇活動も活発となり（一方で農村の回復は遅れてしまう）、温泉地は活況となった。実際、鉄道の団体旅行客数は一九三三年に恐慌以前の数字を回復し、輸送人員数が一七〇〇万人まで増加した。温泉地の利用客数も、一九三〇年代半ばに主要温泉地五〇ヵ所の利用客数が約二三〇〇万人へと増加している。

先述した鉄道省の割引乗車券など、鉄道各社に導入された様々な施策が一九三〇年代も継続し、利用客数増加を支えた。一九二五年に一〇万人程度であったジャパン・ツーリスト・ビューローによる国内旅行の斡旋客数は一九三三年には一〇〇万人を超えた。旅行することが以前よりも身近になり、人々は自らの生活スタイルやそれぞれの家計のありようにあわせた温泉旅行を楽しむようになったのである。

「新婚列車」で熱海へ

一九三〇年代は観光・行楽目的の温泉旅行が本格的に拡大していくなかで、多様な形態が登場するようになった。

例えば明治以降、欧米のハネムーンの習慣と同様に日本でも新婚旅行を実施する夫婦が登場した。一八八三年には井上馨《いのうえかおる》の子息、勝之助《かつのすけ》が新婚旅行で熱海にでかけている（日本交通公社、一九八二）。一九三〇年代には、新中間層の多くが新婚旅行を実施するようになった。東京駅午前八時発の熱海行きの列車は新婚旅行客で賑わうほか、ホームには見送りの関係者が集い、この列車は「新婚列車」と呼ばれていた（白幡、一九九六）。新婚旅行先として温泉地が選ばれるようになり、新婚旅行の推奨コースでは観光行楽の温泉地がとりあげられていたほか、団体客向けではない家族向けの旅館をすすめていた。気楽に旅するために、クーポン券の利用と各種予約の徹底が注意点としてあげられている。新婚旅行は移動にハイヤーなどを利用するため、一般の旅行に比べて費用は高額で、東京から伊豆めぐり三泊四日、費用約八〇円、伊香保・日光をめぐるコース四泊五日、一四〇円、善光寺・平湯《ひらゆ》・宇奈月《うなづき》・高山《たかやま》・下呂《げろ》温泉などをめぐるコースが五泊六日、一四〇円、大阪からは白浜温泉へ一泊二日、二五円、別府・阿蘇《あそ》めぐり五泊六日、一五〇円という費用が必要であった（『旅』一三巻九・一〇号、一九三六年）。当時の大卒銀行員の初任給が七〇円程度であり、新婚旅行はホワイトカラー層の一ヵ月分の給与と同程度の費用がかかるイベントであった。

懸賞品となる旅行—招待旅行の始まり

一九三〇年代の団体による温泉旅行は、日本旅行会などの旅行会社や旅行雑誌が読者向けに企画したツアー、商店・諸団体が企画した招待旅行など、多様な形態が登場した。招待旅行とは、商店・企業が得意先や顧客を旅行に招待するために設けられたものであった。今日では取引先やお得意先を招待して旅行すること自体少なくなっているが、バス・クルーズ船での日帰り旅行や一泊の温泉旅行が福引やキャンペーンの景品の一つとなっていることもある。こうした招待旅行は、第二次世界大戦以後広く普及するものの（後述）、一九二〇〜三〇年代に各地で始まり、その行先に温泉地が選ばれていたのである。

当時、激しい販売競争を展開していた新聞業界では、読者向けの団体旅行を企画・実施していた。例えば、京都市の大阪毎日新聞の販売組織が設立した大毎旅行会が、一九三〇年前後に企画した温泉旅行の一つに、京都・大阪を起点とした「伊豆大島三原山《みはらやま》と伊豆半島熱海箱根温泉巡り」がある。その行程は、京都・大阪から夜行で出発し、まず多摩陵を参拝し東京市内を見物したのち、船で大島にわたり、翌日三原山の登山を行った。伊豆では下田《しもだ》から北上して湯ヶ島《ゆがしま》・天城《あまぎ》・修善寺・伊東《いとう》・熱海をめぐり、箱根で宿泊したのち、静岡に立ち寄るというルートであった。同様の取り組みは読売新聞でも実施され、一九三二年春には三〇〇〇人を下田―伊豆大島間の東京湾汽船の船旅に招待している。新聞や雑誌の購読者を獲得するための手段として旅行の企画が用いられたのである。

様々な業種の招待旅行

繊維の街で知られる東京神田《かんだ》の横山町《よこやまちょう》では、現金問屋らが奉仕会という同業組織を設立した。奉仕会は、小売店の買い上げ額五円につき一枚の優待券を発行し、二〇〇枚で一人、温泉旅行に招待するという内容の奉仕活動を行っていた。一九三三年秋に行われた売り出しで配布された優待券を使用して、翌三四年二月二一〜二三日の二泊三日で、伊豆めぐりの旅へ総勢二〇〇名を超える団体の温泉旅行を実施した。この温泉めぐりに招待された長野の松沢洋品店の店主は、熱海で電車を下車したのち、初日は伊東温泉の暖香園《だんこうえん》に宿泊、翌日は下田・峰《みね》温泉・天城を経由して長《なが》岡《おか》温泉の山田屋に宿泊した。宿では両日ともに大広間での宴会に供するなど、豪華な旅館に泊まるとともに、十分な接待を受けたことをのちに語っている。加えてこの旅行では、立川《たちかわ》や千葉、所沢《ところざわ》の洋品店とのつながりができるなど、招待旅行の場で小売店主らは他地域の同業者と交流を図っていたのであろう。この横山町奉仕会の温泉招待旅行は好評を博し、その後も年二回のペースで実施された。三四年八月は日光鬼怒川温泉、翌三五年二月は諏訪《すわ》温泉と霧ヶ峰《きりがみね》のスキー、同年八月は富士五湖めぐりと箱根温泉、三六年二月は会《あい》津《づ》東山《ひがしやま》温泉、同年九月に善光寺と浅間《あさま》温泉を訪れている。その後、日中戦争の全面化のなかで二回中止したのち、三八年九月、客の要望が強くなったため、「武運長久」の祈願を兼ねて伊香保温泉を訪れている。第二次世界大戦以前の招待旅行はこれ以後中止され、戦後復活するのは、一九四九年のこととなった（横山町問屋新聞新聞委員編、一九五八）。

こうした招待旅行は、東京だけでなく他地域の様々な企業・組織でも採用されていた。例えば、愛知県の盛田《もりた》酒造では、同酒造の看板商品である「ねのひ」の売り上げのよい小売店を善光寺や浅間温泉への温泉旅行に招待している。こうした酒造メーカーの招待旅行には日本旅行会が斡旋業務に関わっており、同会では京都の宝《たから》酒造・月桂冠《げっけいかん》、灘《なだ》では菊《きく》正宗《まさむね》・日本盛《にほんさかり》、醸造ではヤマサや亀甲萬《きっこうまん》の招待旅行に関わっていた。

また、三重県の松阪《まつざか》信用組合では、積立貯金をした客を対象に温泉旅行を企画している。この信用組合は全国でもトップクラスの資金量をほこり、組合員も二〇〇〇人を超えていた。一九三六年六月に行われた招待旅行は、松阪から専用列車（車両数では七両編成）で長野・日光を経由し東京見物を行う、夜行を含む三泊四日の行程であった。ここでは鬼怒川温泉ホテルといった、設備が充実した豪華ホテルにも宿泊した。この招待旅行の様相については、専属カメラマンによる記念写真集が刊行され、参加者にとって一大イベントで

図７　松阪信用組合『積立貯金御招待旅行紀念 おもひで』(1936年６月)

あったことがうかがわれる。参加者の多くは年齢層が高く、そのなかで子どもは一名確認できるのみであった。

以上のように、一九三〇年代以降普及した招待旅行は、自らの費用で主体的に行動しなくても、商店や企業の企画に参加することで温泉旅行を経験することを可能にした。それぞれの企業や商店が、不況のなか競争を勝ち抜くために設けられた招待旅行の仕組みは、温泉旅行の普及に大きく寄与したのである。

積立による旅行

一九三四年にジャパン・ツーリスト・ビューローと日本旅行協会が合併した。新たに発足した組織の下でも『旅』が発刊されるとともに、地方月掛旅行会が組織された。もともと鉄道省が団体客の母体として各地域に組織していたものを引き継ぎ、月掛旅行会は当初から全国に一六六ヵ所存在していた（日本交通公社、一九六二）。各地の旅行会は、会費を月賦にして積立旅行する仕組みがつくられたほか、それぞれ準則も設けられていた。北陸本線小松《こまつ》駅（石川県）で主催された月掛旅行会の史料から、その仕組みをみてみよう。

小松駅で主催された「日本旅行協会小松月掛倶楽部」では、毎月一口一円の金額を徴収し年一二円が積み立てられ、使用しなければ繰り越されていた（ただ、三年間積立てたまま使用しない場合は、月掛は中止された）。毎月何らかの形で旅行が企画され、その行き先は、伊勢神宮や善光寺参りといった寺社参詣のほか、白浜・箱根・伊豆・下呂・城崎・宇奈月温泉といった著名な温泉地が含まれていた。その費用は、小松から近い富山県の宇奈月温泉であれば一泊二日で約七円、奈良から白浜を経て和歌浦《わかのうら》への旅では二泊三日で約三〇円であった。

一定の会費を積み立てて旅行に参加する仕組みは、当時流行となり東京市内には専門の業者が出現していた。東京で活動していた山水《さんすい》旅行会は、一月一円ずつ一年間積み金予約をすると、契約している全国五〇ヵ所の旅館に五泊できる（一三円で五泊）仕組みを構築していた。同会の外交員が若いサラリーマンを中心に勧誘を行い、月の掛金は全体で一万円を超えていた。積立した一泊分の二円六〇銭のうち、外交員の歩合が一五%、また旅館から同会に支払われる口銭は五%で、旅館は実質二割のマージンがとられていた。東京に旅館業者らが宣伝所をつくることも計画されてはいたが、そうした費用と比べると積立旅行業者との提携は広告費として安上がりだった。この積立の仕組みは、旅行者・旅行会・旅館それぞれにとって非常に得なものであったという（『実業の日本』三八巻二二号、一九三五年）。この山水旅行会の会員は二万人を数え、加盟旅館も全国で六〇軒に達した（『処世実話全集』第五巻、一九三七年）。

こうした団体での温泉旅行の拡大は、受け入れる温泉地の側でも様々な変化を及ぼした。団体が宿泊する旅館は設備が大規模化し大広間が設けられたほか、人目をひく設備として大浴場が整備されるようになった。

アジア・植民地への温泉旅行

一九二〇年代から植民地や満洲《まんしゅう》への旅行に目が向けられていたなか一九三一年の満洲事変、翌年の満洲国建国は人々のアジアへの関心を一層高めた。ジャパン・ツーリスト・ビューローの案内所も一九三〇年代以降、台湾・朝鮮・満洲の案内所を急増させ、一九三八年には内地の案内所数を凌駕した。また、雑誌『旅』の創刊号から一九四三年の終刊号までに、植民地やその周辺地域の旅行記や旅行記事は一三四タイトルにのぼった。そして、雑誌の末尾には台湾総督府や朝鮮総督府の旅客誘致の広告や外地との航路を運航する大阪商船・日本郵船の広告が掲載された（曽山、二〇〇三）。台湾・朝鮮・満洲への旅行がブームになるとともに、それぞれの地域の温泉地も数多く開発されたのである。

一九世紀終わりに植民地となった台湾では、もともと温泉を利用する習慣はなく、日本統治以後に開発されたものがほとんどであった。一九三〇年発行の『日本温泉案内西部編』には台湾に所在する温泉地は一五ヵ所を数えた。比較的大きな規模の温泉地は、台湾北部の草山《そうざん》・礁渓《しょうけい》・北投《ほくとう》、南部の関子嶺《かんしれい》・四重渓《しじゅうけい》で、なかでも最大規模の温泉地が北投温泉であった。北投温泉は、統治以後、日本人が旅館を建設するほか、日本陸軍が転地療養のため台北陸軍衛戍《えいじゅ》病院の分院を設置した。当初、引湯設備がなかった同温泉では温泉開発が行われ、温泉供給を実現するとともに、台北町が公共浴場も建設している。以後、台北に近接する温泉地として、一九三五年頃には旅館三五軒をかかえる最大の温泉地となった。台湾での温泉旅行の担い手は、主に日本人であったものの、台湾の鉄道利用が急増する一九三〇年代以降、台湾人も観光や旅行を楽しむようになっていたことが指摘されている。

朝鮮・満洲の温泉地

朝鮮の温泉地は、日本統治以前までは、一部上層の人々の利用が主で一般にはほとんど利用されていなかった。また、温泉の温度は五〇度以下で熱泉は少なく、交通も不便な場所にある温泉地が多かった。一九三〇年頃には朝鮮全体で約五〇ヵ所程度の温泉地が利用されていた。なかでも著名な温泉地は、釜山《プサン》に近い東萊《トンネ》温泉や海雲台《ヘウンデ》温泉、ソウルから訪れる儒城《ユソン》・温陽《オニヤン》温泉があげられ、また、現在、北朝鮮領域である北部の黄海道《ファンヘド》・平安南道《ピョンアンナムド》といった地域にも集まっていた。いずれの温泉地も日本人経営が多く、宿泊料も一九三〇年頃に三〜七円程度と高い水準であった。

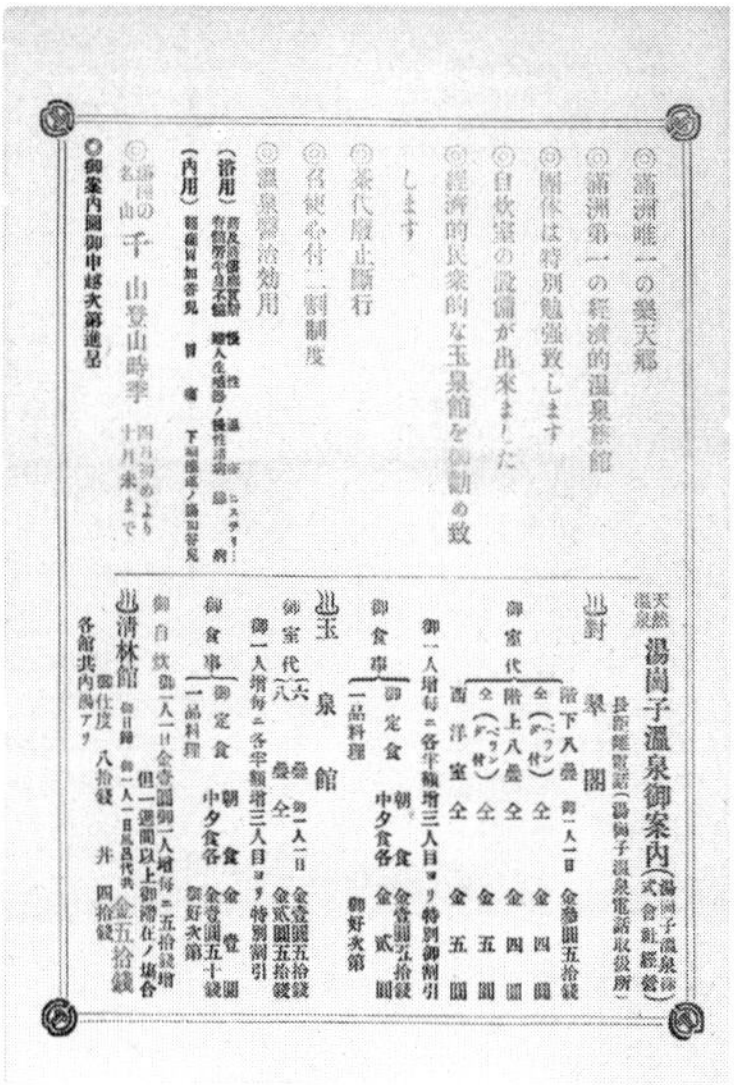

図8　湯崗子温泉の案内

満洲の温泉地は、湯崗子《とうこうし》・熊岳《ゆうかく》城《じょう》・五龍背《ごりゅうはい》温泉が著名な温泉地として知られ、いずれも内地の温泉地のような温泉街は形成されず、また日本の南満洲鉄道株式会社（満鉄）がその経営に深く関わっていた。特に湯崗子温泉は、沿線第一の温泉地で、日露戦争時にはロシア軍が療養所を設置した温泉地であった。宿泊施設も一流の施設が整う対翠閣（部屋代一日四円程度・食事別）、安価で長期滞在客向けの玉泉館（部屋代一日二円程度）、日帰り客を収容する清林館（部屋代一日一円、長期滞在の場合は五〇銭）と様々な施設が設けられていた（高、二〇二二）。これら施設は、内地の温泉と比べても優れており、特に浴室について、一九二〇年代初頭に訪れた田山花袋《たやまかたい》は、「今までに会て見たことのない、箱根、塩原、伊香保、何処に行ったたって、こうした設備の整ったところはないと思われる立派な浴槽―ひとつひとつ割られてピンと錠を下せば下せるやうになっている浴槽がわたしたちの前にあらわれた」（田山、一九二四）と評している。湯崗子温泉には、一九二〇年代以降展開する朝鮮や満洲をめぐる募集型の団体旅行の宿泊先として行程に組み込まれた。

家計のなかでの旅行費

温泉地を訪れる人が増加するなか、生活において温泉旅行はどのように位置づけられていたのだろうか。家計費のなかでの旅行費の動向からみてみよう。

一九二〇年代以降、人々の生活の動向を調査するため、家計調査が行われている。ここでの調査の対象者は、都市部の三〇代の労働者や給料生活者など、小さな子どもを抱え、専業主婦がいるような核家族の世帯であった。彼ら世帯の支出動向から、当時の都市生活者の娯楽・旅行の費用の一端がかいまみえる。旅行に関係する費用は、「遊山的旅行費」

と「その他」に分類された。「遊山的旅行費」には宿泊を伴う旅行が含まれていた（神社仏閣の参拝費用や日帰り旅行については、別の費目である「修養娯楽費」に分類された）。

一九三〇年代を通して、世帯支出に占める旅行費の割合は一％程度、物見遊山を兼ねた宿泊を伴う旅行費の割合は〇・一％ほどであった。旅行費は多くても一ヵ月数円、月一〇〇円の所得でも一円程度、一年間で換算して一〇〜一五円程度での支出であった。温泉旅行が拡大した一九三〇年代半ばでも、支出に占める旅行費の割合は高くなかったのである。温泉旅行を楽しむ人々が増加した背景には、景気回復や所得の上昇に伴って各世帯の旅行費の支出が急増したというよりも、関連産業の様々な取り組みによって交通費や宿泊費が低下したことが影響していた（高柳、二〇二二）。

一九三〇年代の都市部において、家計消費の点からは、まだ旅行を気軽に楽しむことは難しかったことがうかがえる。ただ、月八〇円程度の収入がある世帯では、年間約一〇円程度の旅行費が捻出できた。先に紹介した月賦による積立旅行は、こうした所得層に旅行の機会拡大をもたらし、一泊程度の小旅行を一年に一度、楽しむことを可能としたのである。加えて、家計の旅行費には計上されない職場での団体旅行や企業・商店の招待旅行という形で、人々は温泉旅行を楽しむ機会を持つことができるようになっていた。

一方、家計調査の対象となるような労働者ではなく、都市部で持ち家を所有し、土地持ちとして生計を立てていた富裕層は、どのように温泉旅行を楽しんでいたのだろうか。富裕層は、短期滞在をする必要がないため、依然として長期間の温泉旅行を実施していた。東京市京橋区《きょうばし》（現中央区）の鉄砲洲《てつぽうず》で貸地・貸家業を営んでいた福井《ふくい》家では、寒い季節に熱海へ女中や孫を連れて滞在していた。一泊五円程度の旅館に家族で数週間滞在し、もろもろの費用として数百円はかかっていただろう（熱海市、二〇一七）。富裕層と思われる人々の旅行は、第一次世界大戦以前と同様に費用を気にすることなく楽しんでいた。

このように、温泉旅行の大衆化は、旅行に関わる鉄道会社・旅行会社・旅館といった企業や組織が支えていた。旅行費用の低減、加えてメディアを通じた宣伝や安価で利用できるプランの提示の意義は大きく、温泉旅行が他の娯楽産業と同様に余暇を過ごす選択肢の一つとなったのである。

戦時期の温泉旅行

日中戦争の全面化以降、好景気が続くなか、温泉旅行の客数は急増した。軍需景気のもと、一九三九年年始の温泉旅行客数が激増したことが伝えられている。道後では、三が日の浴室利用客が開業以来のレコードを記録したほか、別府では鉄道や航路利用者が激増し、地獄めぐりの遊覧バスは正月四日間で六六〇〇人が利用した。下呂や城崎といった温泉地でも旅館は満員で、「緊張ばかりが堅忍持久ぢゃなかろうといふので、一般の人々が久しぶりの静養を温泉に求めたことに由るもの」

であった（『温泉』一九三九年二月号）。ただ、一九三九年半ば頃から乗車券・寝台券の入手難、満員列車が出現するなど、輸送力に限界が生じ始め、不急の旅行や遊楽旅行を控えるよう求められた。一方で、温泉地は、「温泉報国」の観点から帰還兵や傷病兵が優遇して旅館に宿泊する仕組みを設けたほか、一九三七年以降、日清・日露戦争時と同様に傷病将兵を療養する療養所が各地に建設された。実際、道後温泉には一九三七年末から傷病兵を一〇〇名ほど収容する臨時の転地療養所が設置され、道後の浴室を住民と共に利用していた。加えて、戦時体制下において、団体の温泉旅行に欠かせないものであった酒宴や宴席、芸者遊びなどが享楽的なものとみなされ、温泉地の風紀が問題となった。温泉旅行は、働くための休養や保健の役割を持つことが重視されたのである。

そして、都市の空襲が激しくなる一九四三年以降、温泉地は学童疎開を受け入れるようになった。多くの子どもたちは、親から離れ集団で温泉地の旅館や寺院で過ごし、そこで温泉の入浴を経験することになった。

再び療養のための温泉

一九二〇年代以降、観光行楽目的の温泉旅行が中心となってきたものの、一方で戦時体制下で遊興の要素が強い温泉旅行は忌避されるようになり、療養の側面が再び脚光を浴びることとなる。一九三九年に日本温泉協会と日本旅行協会が出版したのが、『温泉療養実話集』である。同書は、全国の温泉組合から療養体験者の情報を集め、その報告に基づいて本人の経験を記述したものであった。数百人の体験記を収集し、そのなかから一四種の病気と三九人の体験記を掲載したもので、病気は胃腸病・神経痛・皮膚病・婦人病・脚気《かっけ》・喘息《ぜんそく》・糖尿病などがあげられている。当時の温泉療養の様子がわかる貴重な資料で、病状・温泉地を選んだ経緯・宿泊先・期間・費用などの情報が掲載されていた。それぞれの病には「紙上診断」と評し、温泉療養での効果や体験記における療養内容に関した解説も付記されていた。

ここで一つ紹介してみよう。精銅所で職工をしていた男性は、不慮の事故によって指を切断した。その傷口の化膿を治すため、栃木県川治《かわじ》温泉を訪れた。一九三七年一〜四月までの四ヵ月間、費用は一日一円五〇銭、計一八〇円かかった。療養の効果があったようで、傷口はふさがり、行商を営むことができるようになったと記されている。

同書の三九の体験記のうち、女性が執筆したものは六つ、内一人は夫の療養に付き添ってきた妻であった。女性の療養は胃腸病一人、皮膚病一人、婦人病・子宝二人、脚気一人であった。体験記では、湯治療養の同行者も記されており、当事者と療養の世話をする家族が一人付き添いに来ているぐらいであった。

このように、湯治療養と観光行楽目的の温泉旅行では、訪れる温泉地だけでなく誰と訪れるのかも違いがあった。療養中心の温泉旅行は当事者を含め小人数で長期間滞在する一方、観光行楽目的の温泉旅行は一家揃っての比較的短期間の滞在であった。

戦間期は、都市部に住む人々を中心に観光行楽目的の温泉旅行が拡大した。その旅行の仕方も積立による旅行や招待旅行といった機会を利用するなど、多様化していた。加えて招待旅行は、人々が旅行する機会をもたらすだけでなく、団体客が温泉地を訪れることで、温泉地の発展にも寄与したのである。戦時には、時局の影響から観光行楽の温泉旅行は影を潜め、湯治療養を中心とする温泉旅行が推奨された。再び観光行楽の要素が強まるのは、敗戦後のこととなる。

再興してゆく温泉旅行

昭和戦後期

動き出した温泉旅行

敗戦後の温泉地

敗戦後、多くの日本人は、日々の生活を維持することに精一杯で、観光行楽目的で温泉地を訪れる余裕も少なかった。特に空襲被害の大きかった都市では、仕事や住居だけでなく、食糧難で農村への帰郷や疎開を続ける人々が多くいた。

一方、食糧生産の場である農村では、都市とは事情が異なり生活に余裕が生じていた（都市住民との食糧・財物との交換など）。例えば、一九四五年一二月、本来ならスキーヤーで賑わう長野の温泉場では、旅客輸送の困難と生活難で都市から訪れる利用客は皆無であった。かわりにスキー場や温泉場を埋めたのは、地元の農民か占領軍の兵士であったことが伝えられている（『朝日新聞』一九四五年一二月二七日）。そうした傾向は翌四六年初頭にも続き、正月には長野のスキー場に近い湯田中《ゆだなか》・上林《かんばやし》・渋《しぶ》・戸倉上山田《とぐらかみやまだ》温泉には一万人を超える宿泊者があり、内八割が農村からの客で占められていた（『朝日新聞』一九四六年一月三日）。観光行楽目的の温泉旅行の完全な復活は、都市生活の安定と経済活動の回復が不可欠であったのである。

旅行雑誌の再刊と温泉旅行の復活

敗戦の翌年、一九四六年一一月には、一九四三年秋に休刊した『旅』が三年ぶりに再刊した。再刊された『旅』の記事には、占領下ゆえマーガレットパートンによる「日本印象記」や栗田正四郎の「アメリカ人と旅行」などの記事が並び、「観光」「行楽」の様相はみられなかった。『旅』の誌面で温泉地の話題が掲載されるのは、翌四七年以降のことであった。

敗戦直後に都市から「遠方の」温泉地を訪れる人はほとんどいなかったものの、一九四七年以降、都市近郊の温泉地には宿泊客が戻りだしている。ただ、この時期に旅行するには様々な制約があり、例えば、一九四七年の時点で旅館に宿泊するためには一食あたり一合半程度の米の持参が求められていた（日本交通公社、一九四七）。そうした状況下でありながらも、一九四七年秋、伊豆《いず》の温泉地が満員であることが伝えられるとともに、その活況は翌四八年前半にも続くなど、温泉地は戦後のインフレ景気で湧いていた。熱海《あたみ》や伊東《いとう》といった伊豆の温泉地には、占領下の激しいモノ不足とインフレのなかで富を築いた「新興成金」が大挙して訪れ、旅館はどこも満員であった。熱海では、「ウィークディでも毎日千二百人、土曜日曜、祭日ともなれば、二千二三百人の宿泊客がはいりこんだ。二百二三十軒の旅館にたいし、一軒平均十人が泊ったわけだ、四月の三日、二十九日などは実に一万人近くの人が殺到した」と伝えられている（『旅』一九四八年一二月号）。

同年秋には、土曜日と休前日に、箱根《はこね》や伊豆へ旅行客を輸送する特別列車が運行され、一三時半に東京を出発する列車は横浜・小田原《おだわら》・湯河原《ゆがわら》・熱海・伊東へ、途中で分割して三島《みしま》に停車後、修善寺《しゅぜんじ》へ向かった。そして、翌四九年一月には熱海に八〇〇〇人、伊東に五〇〇〇人が宿泊するなど（『朝日新聞』一九四九年一月一七日）、日本経済の本格的な復興を前に、伊豆の温泉場は賑わいを復活させたのである。

招待旅行も再開

一九三〇年代に始まった商店や企業の招待旅行は、戦時期に途絶えたものの戦後数年で復活した。先述した東京の横山町《よこやまちょう》奉仕会は一九四九年四月に復活し、はやくも五月には小売店に対して優待の通知を出している。そして、毎月九日間の奉仕日（三・四・五・一三・一四・一五・二三・二四・二五日）を定め、一〇〇〇円で優待券一枚を呈上し三〇〇枚で一名を招待した（招待旅行に必要な優待券の枚数は、行先や日程によって変化した）。奉仕会が開催した温泉招待旅行は、半年に一回のペースで開催され、戦後第一回目の温泉招待旅行は、同年一〇月二五日に湯河原温泉の清光園《せいこうえん》で一

○○名を招待して催された。招待旅行の行先には東京に近い、湯河原・熱海・伊東・修善寺といった温泉地が選ばれ、それぞれの温泉地は団体旅行客を受け入れることで宿泊客数を増加させた（横山町問屋新聞新聞委員編、一九五八）。

こうした招待旅行は、各地の商店街や問屋組織でも実施されるようになった。例えば、下北沢《しもきたざわ》商店街では一九四九年五月に神奈川県三浦《みうら》半島への招待の売り出しを、十条《じゅうじょう》銀座《ぎんざ》商店街では、中元売り出しの企画において群馬県水上《みなかみ》温泉への招待旅行を景品に含めた。後者は水上温泉の水上館と提携し、売り出しの宣伝に旅館名を入れて対応した（『商店界』三〇巻九号、一九四九年）。小売や卸などの商業活動の景品の一つとして、再び温泉旅行が広く利用されるようになったのである。

温泉地の宿泊料

では、戦後復興期における温泉旅行の費用について、温泉地の宿泊料をとりあげよう。戦後復興期には、温泉地案内の発行はそれほど多くなく、また、発行されていた案内にも、各温泉地の旅館名が紹介されたものの、宿泊料に関しての記述はほとんどなかった。

一九四八年一一月に復刊した日本温泉協会が発行する『温泉』では「温泉小遣帳」という記事のなかで、それぞれの温泉地の宿泊料を紹介している。表4は、掲載された温泉地の宿泊料のまとめである。敗戦後の日本は急激な物価上昇がみられ、一九四五年から四九年までに小売物価指数が七九倍、卸売物価指数が六〇倍になった（第二次世界大戦前の一九三五年前後と比較しても二〇〇倍以上になった〈三和・三和、二〇二一〉）。一九三〇年代に一泊数円程度であった温泉旅館の宿泊料は、四〇年代後半には数百円程度まで上昇していた。六、七〇〇円で一泊二食付きの設備が整った旅館に宿泊することができ、次の間やベランダといった設備がついた部屋に宿泊するには一〇〇〇円程度必要であった。

東京や大阪に近接し観光行楽の性格が強い温泉地は価格帯が高い一方、東京から離れた東北の温泉地は安価であった。熱海や箱根のように、「戦後のインフレの最尖端をいき、一夜の泊り一万円とさえ噂され」たように、インフレの影響を強く受けた温泉地も存在していたのである（『温泉』一六巻一号、一九四八年）。当時、様々な商品やサービスには公定価格が定められていた。旅館の宿泊料は地域によって異なっているだけではなく、等級制を用いて対応するとともに、宿泊料の決め方も複雑になっていた。第二次世界大戦以前には宿料として、一人五円・一〇円という形で表記されていたものが、部屋に定員制が設けられ、その部屋の使用料として室料が設定されるようになったのである。部屋の広さによ

表4　1948年末の温泉地の宿泊料

温泉地名	価　格
伊東温泉	500～800円
熱海・箱根	500～800円
熱川温泉	400～800円
峰温泉	550円
長岡温泉	800円
修善寺温泉	600円
湯沢温泉	350円
上ノ山温泉	275円
東山温泉	350～450円
白浜温泉	600～1,000円
城崎温泉	600～1,000円

出典：『温泉』16巻1号・2号より作成.

って定員が決まっており、定員より少ない人数で宿泊する場合には、定員に満たさない人員分の料金が発生する仕組みであった。例えば、一九四八年末時点で仮に一一畳（本間八畳に次の間三畳）の部屋（定員は四人）に一人で宿泊した場合、一人の室料に加え三人分の空人員の料金（三人分の室料の二割引き）が必要であった（室料一人九〇円）。ほかにも食事代（一八〇円）、浴衣・燃料代など（一人一五〇円）に加え、サービス料（費用の二割）と税金（合計の二割）を含めると、一人の場合九〇〇〇円、二人の場合は一人七〇〇〇円の宿泊料が必要であった（『温泉』一六巻二号、一九四八年）。

旅館への宿泊には遊興飲食税が課せられていた。一九四八年六月からそれまで三〇％以上であった遊興飲食税の税率は二〇％に下げられたものの、宿泊客にとっては大きな負担にかわりなかった（荻田、一九四九）。

交通費の上昇

この時期、鉄道の旅客運賃も毎年上昇していた。では、一例として営業距離が一〇〇キロ程度であった東京—熱海間の運賃の変化をみてみよう。

一九四六年八月に営業距離一〇〇キロの旅客運賃（三等）は八円であったのが、四七年一一月には三五円、四八年七月の改正後には九〇円（九五〜一〇五キロ）に上昇した。二等の場合には三等運賃の三倍（二七〇円）、一等であれば六倍の五四〇円の運賃がかかった。仮に東京—熱海間を二等で往復すれば五四〇円の交通費が必要であった（日本交通公社『時刻表』一九四八年七月号)。その後も交通費の上昇は続き、翌四九年九月には東京—熱海間の三等は一五〇円へと値上げされた。同様に、東京—伊東間(約一一八キロ)では片道一七〇円、大阪(天王寺《てんのうじ》)—白浜口《しらはまぐち》間(約一六七キロ)では二四〇円であった。

このように、一九四八年時に、東京から伊豆、大阪から白浜など都市近郊の温泉地への一泊の温泉旅行の費用は、諸経費も含めて一人一〇〇〇〜一五〇〇円程度必要であった。一九四八年当時の労働者一人当たりの平均給与は一月八〇〇〇円強であったことからも、戦後復興期の温泉旅行は決して安価な余暇ではなかったことがうかがわれる。

高度経済成長前夜の温泉地

一九五〇年に始まった朝鮮戦争は、復興に足踏みをしていた日本経済の景気回復を本格化させた(朝鮮特需)。では、復興期に多くの宿泊客で賑わうようになった一九五〇年代初頭の熱海・伊東・別府《べっぷ》の様相を確認してみよう。

一九五一年時の旅館数は熱海二一五軒、伊東一〇二軒、別府二六〇軒、収容定員一〇一人以上の大型旅館は熱海八軒、伊東四軒、別府六軒で、旅館の規模はまだ小規模なものが多かった。また、第二次世界大戦以後、福利厚生施設の充実が図られた影響で、会社・官公庁・団体の寮が整備されるようになった。遊興飲食税の対象となる寮は熱海六三、伊東二六、別府三四あり、特に熱海では課税対象外の寮数も一〇〇軒を超えていた(熱海では戦前に別荘として利用されていた施設の多くが寮や旅館に変貌していた)。寮の宿泊料は旅館に比べて半分程度で、宿泊客の旅館・寮での消費額も大きな差があった。

一九五一年の温泉地の延宿泊人員は熱海一二八万人、伊東六二万人、別府九〇万人で、第二次世界大戦以前と比べて熱海・伊東が急増した一方、別府では減少していた(一九三九年は熱海四七万人、伊東三八万人、別府一〇一万人〈日本温泉協会編、一九四一〉)。首都圏に近接した熱海・伊東は東京・横浜から大挙して人が訪れるようになった一方で、別府は宿泊客数が伸び悩んでいた。実際、熱海・伊東は、等級が高い旅館(宿泊料が高い旅館)の割合が高く、首都圏からの宿泊客が七割を超え、熱海では会社員が三三%、個人商業者が二一%、官公吏は六%を占めていた(安価な温泉旅行を楽しむ層は、寮などの施設を利用しただろう)。一方、別府は約六割が九州内から訪れ、宿泊客の約三五%が単価の低い学生・修学旅行団体(会社員二四%、官公吏一四%、個人商業者八%)であった(大分大学観光研究会編、一九五三)。

休日の賑わい

温泉観光都市として発展を遂げていた熱海や伊東には、一九五〇年代以降、東京から直通する優等列車が数多く運行された。一九五〇年には週末準急として「あまぎ」、五二年には土曜日午後の時間帯に四本の準急が東京と伊豆を結んだ。同様に、関西では毎土曜日に紀勢《きせい》線白浜口行の列車が運行されていた。国鉄だけでなく温泉地を抱えた私鉄でも（東武《とうぶ》が鬼怒川《きぬがわ》・日光《にっこう》、小田急《おだきゅう》が箱根）、土曜日運行の特別列車を運行させていた。大都市と温泉地とを結ぶ直通列車の発展は、高度経済成長期に加速することとなる。

一九五〇年代には、休日を挟んだ連休に旅行を計画するのが一般的となり、特に都市近郊の温泉地は訪れる客で「ごった返す」こととなった。この頃には、五月の連休は「春の大型連休」として注目されており、人々は数少ない休日を利用して温泉旅行を楽しんでいた。今日とは異なり、土曜日がまだ休みではなかった一九五〇年代には、祝日と日曜を挟んだ三連休は貴重であった。一九五二年は、五月四日が日曜日にあたり、三〜五日にかけて三連休であった。この連休中、関東のいずれの温泉地も満員御礼で、日光・鬼怒川・川治《かわじ》といった栃木の温泉地は五月中の予約がいっぱいと伝えられるほか、伊香保《いかほ》では二十数件の旅館が満員で、箱根・湯河原には約六〇〇〇人、熱海市内には二万人が宿泊した。伊東でも六〇〇〇人の宿泊客で賑わい、その客は「銀行や各種組合員、積立組の大団体が大半であった」（『朝日新聞』一九五二年五月三日）。五月五日がこどもの日ということもあって、東京・横浜の家族連れのサラリーマン層が旅客の中心であったと伝えられている。

このように大都市周辺では、サラリーマンらを中心に数少ない休日を利用した一、二泊程度の温泉旅行が楽しまれていた。一方で、彼らとは別に遠隔地の観光地や温泉地を一〇日以上かけてめぐる団体旅行も行われていた。

長期団体ツアーの進展

一九五〇年代初頭から国鉄と日本交通公社との共催で、東北地方を出発地とする団体旅行が関西や北海道、九州を目的地として数百人の規模で実施されていた。五一年には九州一周の団体旅行が五五〇人の規模で計一二回実施されている。この東北地方を出発地とした団体旅行は、一九五〇年代の日本交通公社の経営を支えたという（日本交通公社、一九八二）。五五年の日本交通公社秋田支社が主催した九州観光団は、費用三万円、一四泊一五日のスケジュールで、途中大阪や広島での滞在を経て、雲仙《うんぜん》や阿蘇《あそ》、別府の温泉地を含め九州全県をめぐり、帰路には島根の玉造《たまつくり》温泉や石川の片山津《かたやまづ》温泉に立ち寄るコースで実施された。青森・秋田・山形の住民を中心に「みちのく九州観光団」と称して、総勢二五〇人、二等臨時列車を貸し切った団体旅行は、夫妻での参加者が多く、医師や土管工場長、商家などの家業を持った参加者が多かった。費用が高額な団体旅行であったためか、宿泊する旅館のレベルは高く、温泉地では周辺の旧跡などを訪れていた（『みちのく九州観光団旅行日誌』一九五五年）。

熱海・伊東・別府といった観光行楽の性格が強く、団体旅行客が数多く訪れる温泉地が活況となる一方、「療養」の要素が強い温泉地のニーズも一九五〇年代前半まで根強かった。戦後復刊した『温泉』には、毎号療養相談のコーナーが設けられ、『温泉療養』の著者、東京大学教授の三澤敬義《みさわたかよし》が相談の回答を行っていた。

温泉療養の普及

また、家庭のなかで温泉療法は、病を治す手段の一つとして注目されていた。例えば、一九四九年の雑誌『主婦之友』には「温泉療法」をすすめる記事が掲載されている。戦前から温泉医学を牽引し、戦後は『家庭療法』の普及に努めた医師西川義方《にしかわよしかた》が、湯治に行くことが難しい読者のため、家庭でもできる温泉療法（家庭にあるたらいや桶を利用した温浴療法）を紹介している。

さらに、東京大学教授の大島良雄《おおしまよしお》は、一九五〇年代に『温泉療法』（一九五一年）『温泉療養の知識』（一九五二年）『温泉療養』（一九五六年）を相次いで出版するなど、温泉を使用した療養方法の普及を図っている。まだ、西洋医学を中心とする医療体制が充分ではないなか、温泉が病を治す対処方法の一つとして位置づけられており、「療養」の役割が重視されたのである。

戦後まもなく発行された温泉地案内の多くでは、いずれも温泉の泉質や効能など「療養」の内容が色濃かった。例えば、一九五〇年に発行された『温泉案内』には、地域別・沿線別にそれぞれの温泉地の特色や情景、旅館名まで紹介された。三澤敬義による温泉療法の紹介も掲載され、療養を目的とした温泉旅行も多くのニーズを得ていたのである。

湯治の費用

こうした療養の要素が強い温泉地の宿泊料は、観光行楽の温泉地よりも安価であった。一九五三年時の熱海や箱根など東京に近い温泉地では、多くの旅館の宿泊料は一泊一〇〇〇円を超えて一五〇〇円前後、なかには二〇〇〇円を超える旅館も存在していた（例えば、高級旅館で知られた熱海の起雲閣《きうんかく》は二三〇〇円、玉《たま》の井《い》本館は二〇〇〇円であった）。その他の経費を含め東京から熱海への一泊二日の温泉旅行の費用は二〇〇〇〜三〇〇〇円程度であった。五三年当時の大卒初任給は一万円程度、また労働者一人当たりの平均給与は二万円強であった（森永監修、二〇〇八）。仮に家族四人で出かけた場合でも一万円程度の費用が必要であり、まだまだ安価でなかったことがうかがえる。

一方、草津《くさつ》温泉の宿泊料は七〇〇〜八〇〇円程度であった。別府温泉でも、市街地に近い亀《かめ》の井《い》ホテルでは一八〇〇円に対して、湯治場の様相が強い同市内の鉄輪《かんなわ》温泉では六〇〇〜七〇〇円、亀川《かめがわ》温泉では四〇〇〜五〇〇円の宿泊料であった（日本交通公社『時刻表』一九五三年三月号）。療養目的の温泉旅館の宿泊料は、観光行楽の要素が強い旅館と比べて安価であった。右記の宿泊料はいずれも食事付きが前提であったが、療養に特化するような自炊可能な旅館の宿泊料は、一九五二年時、東京から四、五時間の距離にある山間の温泉場で一泊一二〇〜一八〇円程度であった（『温泉』二〇巻一〇号、一九五二年）。食材などの費用も含めると、湯治療養の温泉場において自炊で過ごすには一日二〇〇円が必要だった。温泉療法の案内では、温泉地での滞在期間を短いもので一、二週間、多くが三、四週間の滞在をすすめていたことからも、仮に一ヵ月間湯治場に滞在するには、自炊の場合で六〇〇〇円程度、食事付きであれば一万五〇〇〇〜二万円程度の費用がかかった。一、二週間の短期の療養であれば三〇〇〇円程度で済むものの、長期間の湯治費用はけっして安価なものではなかった。

国民保養温泉地の誕生

一九五四年には、厚生省が国民保養温泉地を設置した。国民保養温泉地とは「温泉の公共的利用増進のため、温泉利用の効果が十分期待され、かつ、健全な保養地として活用される温泉地」を温泉法に基づき指定したもので、観光行楽が中心の温泉地とは一線を画したものであった。湧出量が豊富で、環境衛生・景観・気候・医療休養施設などが優れ、利用料金が低廉などの要件を備えた温泉地が選ばれた。当初、青森県の酸ヶ湯《すかゆ》、栃木県の奥日光湯元《ゆもと》、群馬県の四万《しま》の全国三ヵ所の温泉地が指定され、五八年の第六次指定までに全国一七ヵ所が指定された。指定を受けた温泉地では、温泉地計画に基づいた国民宿舎など宿泊施設や道路整備が積極的に行われ、安価に温泉旅行を楽しめる施設が整備された。観光行楽の要素が強まるなかでも、まだ温泉の「療養」の役割は強く、温泉地によってはその要素を強くしていった。

戦後復興期、大都市に近い熱海や伊東といった温泉地が発展を遂げ、宿泊料も急騰するなか、温泉旅行は引き続き安価な余暇活動ではなかった。ただ、招待旅行をはじめとした仕組みを利用することで温泉旅行を楽しむことは戦前期と変わらず可能であった。また、一九五〇年代前半には温泉「療養」も引き続き重視されていたものの、けっして手軽なものではなかった。この後、一九五〇年代後半に国民皆保険制度が確立し、徐々に医療制度が充実してくるなか、病気の治癒のための湯治・療養という温泉地の機能が弱まり、観光行楽の側面が強まっていくことになる。

レジャーの走りヘルスセンター

船橋ヘルスセンターの登場

一九五五年一一月、千葉県船橋《ふなばし》市の東京湾に広がる埋立地に船橋ヘルスセンターが開業した。船橋の海岸では天然ガスの埋蔵が確認され、ガスの利用と沿岸部の埋立を兼ねた諸事業として、大衆の健全娯楽と健康増進を目的とした観光施設の設置が企図されていた。その後、丹沢善利《たんざわよしとし》が社長を務める朝日土地工業株式会社が中心となって埋立とヘルスセンター建設を進めた。開業した船橋ヘルスセンターは、当初一万坪の敷地に、七〇〇坪の鉄筋コンクリート造りの建物が配置され、舞台付の大広間や一〇〇坪のローマ風呂（高さ約一五メートル）のほか、温泉露天プール（二五メートル×五コース）、屋外児童遊技場として滑り台・ブランコ・木馬などが設置された。開業当初、入湯料大人一二〇円（当初は入場料一〇〇円、お茶席料二〇円）、子ども七〇円という安価な費用で一日楽しめる施設として好評を博した（山川編、一九八六）。一九五五年前後の映画館入場料が一〇〇〜一五〇円程度であり、第二次世界大戦前と同様、日帰り温泉と映画鑑賞は同程度の費用が必要な娯楽であった（週刊朝日編、一九八八）。

船橋ヘルスセンターの入場者は一日平均四〇〇〇人を数え、翌年から各種施設が拡充された。遊園地（メリーゴーランド・豆汽車）・海の家・五〇メートル《メートル》プール・ゴルフ場が建設され、その後も児童プール・大滝風呂・水上スキー場・ジェットコースターなどが設置された。こうした施設の拡大を続けた船橋ヘルスセンターについて、作家の開高健《かいこうたけし》は「遊び場の総合大学みたいなもので、まずないものはない」と評している（開高、一九六二）。温泉入浴施設として誕生した船橋ヘルスセンターは、一九六〇年代以降、レジャーランドとしての様相を強くし、関東だけでなく東北・甲信越などの遠方からも、農協や町会の団体旅行客が多く訪れた。そして、六三年から四年間の入場者は年間四五〇万人に達したという。

誕生から数年で日本を代表するレジャーランドに成長した背景には、丹沢善利の経営方針も影響していた。丹沢は、「農村、漁村、中小企業の老、成人というものを、目当てにしているので、その人たちは、きょうは四五〇円であがった、というのでなければ、再び来ないのですよ。うっかりしていたら、あの乗り物にも乗った、この乗り物にも乗った。弁当のいいものたべたら、一〇〇〇円いっちゃった、ということになると、今度は来にく

図９　船橋ヘルスセンター遊園地（1965年，船橋市提供）

くなっちゃう」と述べている（小林、一九六三）。客には四五〇円以上使わせないという経営方針によって、最低でも一人数千円必要な温泉旅行との差別化に成功していたのである。船橋ヘルスセンターでは、家族全員で温泉に入浴し、遊園地で遊んで、日帰り二〇〇〇円程度の費用で済んでいた。

このように、船橋ヘルスセンターは、前述の新《しん》宝塚《たからづか》温泉のように、温泉施設への入浴と遊園地など遊覧施設とセットで楽しめる場として発展した（ただし、主目的が遊覧施設に変化する）。農村や中小企業の人々をターゲットに、気軽かつ安価に温泉を楽しめる遊び場として、人々に利用されるようになったのである。

ヘルスセンターの流行

船橋ヘルスセンターの成功をきっかけにして、その後、約一〇年間に全国で一五〇ヵ所以上のヘルスセンターが誕生した。ヘルスセンターは、主に日帰り客を対象とした。遊園地・運動場・物品販売・食事施設・大浴場などを有し、なかには宿泊施設も併設するものもあり、施設によってその規模や設備は大きく異なっていた。大都市近郊や観光地・温泉地といった人が多く集まる場所に立地し、特に関東に多く、中部・関西・九州など、日帰り観光市場の大きさとの関わりが強かった（北海道・東北・中国・四国で少ない）。船橋のような都市隣接の施設だけでなく、都市からやや離れた休憩施設中心のヘルスセンター（例えば、東武鉄道がつくった館林《たてばやし》分福《ぶんぶく》ヘルスセンター）、温泉をメインとするヘルスセンターなど、地域や運営する企業によって様々な特徴のヘルスセンターがつくられたのである。

ヘルスセンターでの消費額は、一人二五〇〜七〇〇円程度と幅があり、年間入場者数は船橋を除けば平均二〇〜四〇万人程度、自県や隣接県からの利用が多く、施設より一〇〇キロ圏内の利用が主であった。入場者の構成は、中年婦人層と老人層で六〇〜七〇％を占め、農業・婦人団体の利用が多かった。一方で、遊園地や遊戯場は家族・子ども連れを誘致するには有力な手段であり、ほかにも動物園・花園・プラネタリウムなど、多様な施設が設置された（『ホテルと旅館』二巻三号、一九六五年）。

温泉地のヘルスセンター

では、温泉地に登場したヘルスセンターは、どのような施設を運営し、その利用はどのようなものであったのだろうか。ヘルスセンターがつくられた温泉地には、定山渓《じょうざんけい》・登別《のぼりべつ》（北海道）、会津東山《あいづひがしやま》・常磐湯本《じょうばんゆもと》（福島）、那須《なす》・鬼怒川（栃木）、伊香保（群馬）、戸倉上山田（長野）、和倉《わくら》・山代《やましろ》（石川）、有馬《ありま》（兵庫）、三朝《みささ》・皆生《かいけ》（鳥取）、道後（愛媛）、武雄《たけお》・嬉野《うれしの》（佐賀）、指宿《いぶすき》（鹿児島）などがあげられる。それぞれの運営主体は、鉄道会社や地元企業が担い、船橋ヘルスセンターのような遊覧施設を設けるのではなく、温泉への入浴を主とした特徴的な入浴施設を設けることが多かった。例えば、指宿ヘルスセンターに設けられたジャングル風呂は各地に波及し、他所でもジャングル風呂やポリネシア風呂、直径五〇メートルに及ぶ大浴場などが整備され、それぞれの施設では差別化を図ろうとしていた（『ホテルと旅館』一二巻三号、一九六五年）。

温泉地につくられたヘルスセンターの動向として、鳥取県皆生温泉と兵庫県有馬温泉に設立されたヘルスセンターについてみてみよう。

皆生温泉では、温泉地内の温泉供給を担っていた皆生温泉土地株式会社が、一九五九年に「皆生温泉ヘルスランド」を開業した。施設建設の趣意書から、近年の大衆旅行の増加、特に婦人団体や農協、各職場の団体旅行の増加に対応するための施設として期待されていたことがわかる。鉄筋三階建ての施設には、舞台付の大広間・大浴場・食堂・家族湯・演芸場などが設けられた。料金は大人一〇〇円で、自由に大浴場へ入浴でき、演芸を見ながら休憩ができた。近場にこうした施設がなかったこともあり、開設当初から入場客数は多かった。大広間の拡張に加え、屋内遊技場やプール、猿舎といった屋外施設を設置し、利用客の増加に対応した。加えて、テレビやラジオでの宣伝から、鳥取だけでなく島根・岡山・広島北部に及ぶ一大レクリエーションセンターとしての地位を築き、一九六一年には入場客数一八万人を数えた（皆生温泉観光株式会社、一九七四）。自県だけでなく、隣県からもバスを利用した団体旅行の目的地としてヘルスセンターは選ばれたのである。

図10　指宿ヘルスセンターパンフレット

有馬温泉では、一九六二年、阪急電鉄や神戸電鉄の出資で設立された有馬興業が「有馬ヘルスセンター」を開業した。日帰り入浴料一六〇円、一泊二食での宿泊で九九〇円という低価格で売り出した。当時の有馬温泉の一般的な宿泊料が一三〇〇〜一五〇〇円程度であり、ヘルスセンターは家族連れで楽しめる安価な施設として好評を博した。開業当初に入場者数は三〇〇〇人を数え、翌年には年間入場者数六〇万人に達した。入場者の増加にしたがって、大広間など屋内スペースの拡充とともに、バッティングセンターなどの屋外施設、遊戯機やプールが設置された。遊園地もあるレジャー施設としての性格を持った同センターは、花見や紅葉シーズンには一日八〇〇〇人の客で賑わう施設に成長したのである（有馬興業株式会社、一九八六）。

一九五〇年代後半に登場したヘルスセンターは、温泉旅行の目的地の一つとして選ばれるとともに、遊園地やプールといった施設が拡充され、温泉よりもレジャーとしての側面が強くなった。ヘルスセンターは、人々のレジャーへの欲求を満たす施設として発展をとげたのである。

高度経済成長に湧く

一九六〇年前後のスタイル

一九五〇年代後半以降、日本経済は高度経済成長を実現し、人々の消費支出は増加し続けた。特に一九六〇年代になると国民の多くは余暇の充実を求め、また楽しもうとする傾向が強くなった。冷蔵庫など家庭電化製品の購入で日常生活を豊かにするとともに、旅行・スポーツ・登山といった余暇消費も増加したのである。実際、旅行を楽しむ人々は急増し、国鉄の周遊券の利用者数は、一九五五年四〇万人から、六〇年二四三万人、六五年五五六万人へと一〇倍以上増加した。また、一九六〇年代の国鉄の団体旅行客数は、伸びが緩やかなものの、一八〇〇〜二二〇〇万人で推移していた（『月刊ホテル旅館』一九六二年七月号）。

一九六〇年前後は、旅行が身近な余暇活動の一つとして定着するようになった時期であった。実際、一九六一年度の『経済白書』には「当庁の『消費者動向予測調査（昭和三六年二月調査）』によれば、過去一年間に一泊以上の慰安観光旅行を家族連れで行った世帯は調査世帯の二九％を占め」ていたことが記され（経済企画庁編、一九六一）、「レジャー」としての旅行が人々の生活のなかで広く普及するようになったのである。

では、一九六〇年代初頭に行われた旅行消費の実態調査（内閣総理大臣官房審議室『国民の旅行に関する世論調査』一九六一年三月）から、当時の温泉旅行を含む観光・旅行のありようをみていこう。一九六〇年一一月に行われた同調査は、全国三〇〇〇名に及ぶ大規模なものであった。調査結果から、当時、国民の約半数（四六％）が過去一年間に一泊二日以上の旅行をした経験を持っていた。ただここには公用・商用の旅行も含まれており、慰安観光旅行は内七五％（全体では三四％が慰安観光旅行を経験。一方で一年間で慰安観光旅行に行けなかった割合は全体の六六％）であった。慰安観光旅行のなかでは団体旅行の割合が高く、家族連れの旅行は三分の一程度（全体の一一％）であった。団体旅行の主な主催は、職場（同業組合・農協の団体を含む）や地域団体（婦人会・町内会を含む）が八割を占めており、この時点で旅行は身近な社会関係を前提とした団体旅行で楽しむのが一般的であった。

しかし、人々の旅行形態への志向では、団体旅行の経験の有無にかかわらず、少人数旅行を望むものが多かった。特に団体旅行の不人気は若年層に顕著で、六〇代以上の女性の半数、男性の四〇%が団体旅行を希望しているのに対して、二〇・三〇代の男女の団体旅行の希望は二〇%程度しかなかった（少人数旅行の希望は七〇%を超える）。なかでも、学歴が高く事務系などのサラリーマンが少人数旅行を希望する割合が高かった。希望する旅行形態は、世代間に加え、職種・学歴の違いがはっきりしていたのである。このように、多くの人々は少人数旅行を志向していたものの、現実には団体旅行で旅行する人が多く、理想と現実との違いがあったのである。

賑わう温泉地、静かな温泉地

旅先については、温泉のある場を選ぶ傾向が強く、「できれば温泉のあるところに行きたい」というものが全体の六割に達していた。特に年齢層が高いほど温泉の希求性が高く、六〇代以上の男女ともに「必ず温泉のある所を望むもの」が多かった（六〇代以上の男性で四割、女性で半数以上）。そして、郡部よりも東京を含めた大都市の人々が、温泉を求める傾向が強かった。

また、同じ温泉地でも、飲食店や射的場などがある賑やかな温泉地と静かな温泉地のどちらを好むのかという問いには、賑やかな温泉地が一七%、静かな温泉地が六六%という結果であった。若い層が賑やかな温泉地を好む傾向はあるものの、どの世代を通じても静かな温泉地が志向されていた。

一方、旅行の形態として団体旅行では賑やかな温泉地を、少人数の旅行では静かな温泉地を望む傾向にあった。その結果として、団体旅行が受け入れやすい、また志向されやすい賑やかな温泉地に多くの人々が吸収されていたのである。

巨大化する温泉地

調査で示されたように多くの人々は静かな温泉地への少人数旅行を志向していたが、実際は一九六〇年代前半に大都市近接の大型温泉地が宿泊客数を急増させた。例えば、一九六〇年前後の調査で一〇〇万人以上の宿泊客数を記録した温泉地は、箱根・湯河原・熱海・伊東・白浜・別府の温泉地であった（東京急行電鉄株式会社、一九六三）。右記の温泉地に加えて、都市近郊に位置する鬼怒川・伊香保・有馬・城崎《きのさき》も宿泊客数が増加した。また、地方都市に近接し「奥座敷」として賑わう温泉地も各地に登場した。例えば、浅虫《あさむし》・会津東山・飯坂《いいざか》・宇奈月《うなづき》・加賀《かが》温泉郷（片山津・山代・山中《やまなか》）・上山田・下呂《げろ》・皆生では、いずれも一九六〇年前後に数十万人の宿泊客数を記録していた。

一九六〇年前後は全国的にも温泉地の利用者数が急増した時期であった。一九五七年に四〇七〇万人であった温泉地の利用者数は、一九六四年には八七三七万人へと倍増した。こうした動向を受け、温泉利用施設数も七九六七から一万四二二七へと増加し、施設の収容定員も三二万人から五八万人へと拡大した。一施設当たりの収容定員も四〇人程度から五五人へと施設規模を拡張したのである（『厚生』第二〇巻一一号、一九六五年）。この点、宿泊客数を急増させていた熱海温泉では、旅館数が増加しただけでなく、一九五九年時に収容人員二〇〇人以上の旅館一五軒が、一九六二年には三〇軒と倍増し、五〇〇人以上収容する巨大旅館も四軒誕生していた（熱海市、二〇一七）。

巨大化した温泉地で宿泊客増加がみられる一方、「療養」の場としての機能を強化した国民保養温泉地の指定を受けた温泉地も、数（一九六二年時に二六ヵ所）とともに利用客数が増加した。一九五四年に指定を受けた酸ヶ湯では、一九五四〜六一年にかけて利用者数が五五九八人から一四万一六〇〇人に急増した。同じく日光湯元でも一万八七九二人から五五万三二〇〇人、四万でも一九万一六二〇人から六四万一五〇〇人に増加した（『国立公園』一一二号、一九五九年、総理府大臣官房審議室編『観光便覧　昭和三九年度』一九六四年）。国民保養温泉地全体でも、利用客数が一九六一年時に九〇〇万人を数えた（「保養温泉地の現況と未来」『温泉』三〇巻一二号、一九六二年）。その後も毎年、国民保養温泉地の指定を受ける地域は増加し、一九六六年には四一ヵ所となった。

団体旅行の目的地として都市近郊の賑やかな巨大温泉地へ行くこともあれば、国民保養温泉地などの都会からやや離れた静かな温泉地を訪れる、はたまた家族連れで気軽に行くことのできる都市隣接のヘルスセンターを日帰り利用するなど、温泉旅行の楽しみ方は多様化してきた。観光・レジャーへの志向が高まるなか、温泉旅行はその一角を占め、多くの人々が温泉を楽しむ機会を得ていたのである。

一九六〇年代以降のレジャーを主目的とした温泉旅行の拡大の背景には、旅行に関わる諸機関の様々な施策や展開が影響していた。

交通機関の整備

一九六〇年代、新たに観光地を結ぶ鉄道や交通機関が整備されるようになった。首都圏に近い伊豆半島では、伊東以南の熱川《あたがわ》や稲取《いなとり》、河津《かわづ》を経由し、下田《しもだ》までを結ぶ伊豆急行線が一九六一年に開業した。東京との直通列車を含む一日二七本の列車が運行され、伊東—下田間を五五分で結んだ。そして、東伊豆道路が六七年に全通し、伊東以南での定期観光バス事業の発展に寄与した。その結果、一九六〇年に二四万人であった熱川温泉の宿泊客数は、七〇年には七一万人へ、稲取では同期間に五万人から五八万人に激増した（高柳、二〇一五）。

また、小田急電鉄が新宿と箱根を結ぶロマンスカーを運行させるとともに、一九六〇年には箱根ロープウェーが全通した。箱根ゴールデンコースと呼ばれる小田原から湯本・強羅《ごうら》・芦ノ湖《あしのこ》をめぐる観光ルートが誕生した。このように、交通機関の整備によって新たな観光ルートができることで、温泉開発も進展し、多くの利用客で賑わう温泉地が数多く形成されるようになった。

加えて、都市と観光地を結ぶ鉄道路線の競争も激化した。東京—日光間では、東武鉄道と国鉄によるスピードとサービスの競争が展開された。一九五九年に国鉄日光線が電化し直通列車の「日光」が運転を開始する一方、東武鉄道は同年、けごん号・きぬ号の新型車両の運転を開始し、鬼怒川温泉への足が改良された。こうした交通機関の進展によって、大都市近隣の温泉地や観光地の利用客数増加は支えられていたのである。

旅行会社の商品開発

日本交通公社では、一九六二年に「セット旅行」という新商品を発売した。家族・グループ旅行志向の高まりを受け、交通機関・宿泊をセットにした商品であった。それまで旅行会社が主催する旅行は、多くの参加者を集め団体として一緒に行動する団体旅行が主で、個人はその募集に参加することで旅行を楽しんでいた。その点「セット旅行」は、個人旅行を商品化した点が新しく、個人がそれぞれのニーズに合わせて、行程や宿泊先を選べる仕組みが好評を博したのである。こうした取り組みも影響して、日本交通公社の国内旅行取扱額は、一九五五年二一九億円から六〇年四九二億円、六五年一一七〇億円にまで増加した（日本交通公社、一九八二）。

国内旅行の発展に伴い、その担い手である旅行業界に様々な業種の企業が参入した。当時、旅行の斡旋をとりあつかう旅行業者は、日本交通公社や日本旅行会などを除けば多くが中小零細な業者であった。しかし、一九五〇年代以降、各地の鉄道会社が旅行業に本格的に進出した。第二次世界大戦以前から鉄道会社では旅行斡旋に関わる事業を実施しており、その後、名鉄観光・近畿日本ツーリスト・阪急交通社などが設立された。加えて、第二次世界大戦以前から招待旅行を企画していた新聞社も旅行斡旋業に進出した。一九六二年に読売新聞社が設立した読売旅行会（その後、読売旅行に改称）は、新聞販売店や多くの新聞購読者のネットワークを駆使して、ユニークな商品を販売した。一九六四年八月に企画された伊豆・湯ヶ島《ゆがしま》温泉コース一泊二食付きのバス旅は、一人一九八〇円という破格の安さを売りにした（後述するように、当時の熱海への一泊二日の旅行費は三〇〇〇〜四〇〇〇円程度であった）。熱海や伊東と異なり、観光ルートとしてまだ未成熟であった中伊豆・南伊豆の温泉地をターゲットにした同商品は、湯ヶ島の全旅館を借り切る盛況ぶりで、近隣の下賀茂《しもがも》・蓮台寺《れんだいじ》・大沢《おおさわ》温泉へのツアーも企画された（読売旅行編、二〇〇二）。こうした旅行斡旋業への他業種からの進出によって、様々な商品開発が展開され、温泉旅行を含む当該期の旅行ブームを支えた。

メディアを使った宣伝

人々を温泉旅行へ掻き立てる情報を紹介・伝播したのが出版・放送メディアの存在であった。『旅』や『温泉』といった第二次世界大戦以前から発行された雑誌だけでなく、一九五〇年代以降、旅行情報を提供する雑誌が数多く発刊され、出版メディアを通じて温泉地の情報が人々に伝播した。例えば、一九五

○年代前半には鉄道弘報社『トラベルグラフ』、日本旅行会『旅と宿』、自由国民社『旅行の手帖』、日本観光旅行社『オール旅行』が創刊されている。また、日本交通公社では、様々な観光案内を出版したほか、一九五七年には日本交通公社が組織していた日本旅行倶楽部（当時の会員数一万五〇〇〇人程度）の機関誌として『旅行春秋』を創刊した。一九六〇年代以降は新たな出版物として、各地の観光地を紹介するガイドブック（例えば、日本交通公社のガイド・シリーズ）に加え、近場の旅行情報を提供する雑誌として、一九六〇年に『月刊週末旅行』、一九六四年に『月刊温泉旅行』が創刊された。特に後者は温泉をめぐるコース・プランの情報だけでなく、旅館従業員や板前へのインタビュー、各地の温泉地の状況や文学・映画と温泉といった記事が掲載されていた。

図11　『月刊温泉旅行』創刊号（1964年）

旅行雑誌に加え、人々の温泉旅行への欲求を高めたメディアとして、ラジオやテレビがあげられる。日本交通公社ではラジオのスポンサーやテレビの天気予報番組の出資者となり、旅や観

図12　伊東温泉ハトヤホテルパンフレット

光地の情報を提供するようになった。

こうした旅行会社の施策に加え、ホテル・旅館自らがテレビCMを放送するようにもなった。その代表が一九六一年から放送された伊東温泉ハトヤホテルのテレビCMであった（のちに、ホテルサンハトヤの海底温泉のCMなど、いくつかのバージョンがつくられる）。多くの人にとって、CM中の印象的な歌詞と軽妙なメロディーが思い出されるだろう。

伊東にゆくならハトヤ　でんわはヨイフロ
伊東でいちばんハトヤ　でんわはヨイフロ
四一二六　四一二六

はっきりきめた　ハトヤにきめた
伊東にゆくならハトヤ　ハトヤにきめた
（JASRAC 出 2306896-301）

作詞野坂昭如《のさかあきゆき》、作曲いずみたく、という当時の流行作家・作曲家の作品は、多くの人に覚えられた。テレビを使った宣伝は、その後多くの温泉旅館で採用され、人々の記憶に残った。また当時、大規模旅館の多くは東京や大阪に営業所を有し宣伝や予約を行っており、ハトヤでも電話番号の下四ケタを「四一二六」（ヨイフロ）で統一していた。このように、温泉地側からのアプローチによって、人々が温泉旅行に関わる情報に接する機会が増大した。

団体旅行の発展

では、一九五〇～六〇年代の団体旅行の内実をみてみよう。表5は、先述した横山町奉仕会が一九五〇～六〇年代にかけて行った招待旅行先の一覧である。近場である箱根や伊豆を頻繁に訪れ、熱海や伊東、修善寺といった温泉地を交互に利用していた。当初、参加者が急増すると一つの旅館で収容することが難しく、いくつかの旅館に分宿していたが、一九五〇年代末期になると巨大ホテルでの収容が可能となっていた。旅館では大学教授や評論家を招いての講演のほか、講談や演芸、漫才などが催され、主に一泊二日の日程であった。一九六〇年からは東京近郊への一泊二日の旅行から、遠方への旅行も年一回実施するようになった。そして、六三年からは海外旅行も実

表５　横山町奉仕会の招待旅行一覧

回数	年月日	行　先	旅館名（交通手段その他）	総員
1	1949/10/25	湯河原	清光園	100
2	1950/2/24	伊　東	大和館	82
3	1950/8/21	箱根湯本	吉池	150
4	1951/2/21	熱　海	大野屋	320
5	1951/8/21	修善寺	新井旅館・菊屋旅館（特別列車＋バス）	430
6	1951/11/21	湯河原	清光園	150
7	1952/2/21	熱　海	大野屋・岸松・晴雲荘・松濤館	500
8	1952/8/20-22	上諏訪	上諏訪ホテル・上諏訪観光ホテル・布半・吉田屋	415
9	1952/11/25	湯河原	翠明館	150
10	1953/2/19	伊　東	東海館・ますや・東京館・大和館	500
11	1953/8/26	伊豆長岡	大和館・山田家・かつらぎ	500
12	1954/2/18	熱　海	大野屋・玉の井旅館	500
13	1954/8/20	湯河原	天野屋・清光園・翠明館	500
14	1955/2/22	伊　東	猪々戸館・伊東園ホテル・東海館・ますや・大和館	550
15	1955/8/18-19	戸　倉	上山田観光ホテル（善光寺参り）	450
16	1956/2/21	熱　海	フジヤホテル	570
17	1956/8/22	鬼怒川	鬼怒川温泉ホテル	470
18	1957/2/21	伊　東	東海館・伊東園ホテル・大和館・東京館	560
19	1957/8/22	小涌谷	小涌園ホテル	470
20	1958/2/21-22	熱　海	金城館・静観荘	500
21	1958/8/20-21	修善寺	新井旅館・菊屋旅館	不明
22	1959/2/20	湯河原	花長園・天野屋・翠明館	470
23	1959/8/21	箱根湯本	天城園・清光園・古池	450
24	1960/2/19	伊　東	伊東園・大和館・ますや	400
25	1960/8/19	熱　海	静観荘・翠光園	450
	1960/10/18-21		十和田湖一周旅行（３泊４日）	100
26	1961/2/21	湯河原	花長園・天野屋・翠明館	420
27	1961/8/24-26	上諏訪	諏訪湖ホテル・諏訪観光ホテル・布半・油屋	300
	1961/10/17-22		南紀一周旅行（５泊６日）	112
28	1962/2/20	熱　海	赤尾ホテル	370
	1962/6/16-22		北海道旅行（７泊８日）	
29	1962/8/21	水　上	聚楽	360
30	1963/2/20	湯河原	天野屋・翠明館(バス, 羽田空港見学, 中華街巡り)	200
31	1963/8/20	戸　倉	清光園	210

	1963/6/22-25		第1回海外旅行　沖縄	40
32	1964/2/19	伊　東	ハトヤホテル	300
33	1964/8/17-20		佐渡（3泊4日）	120
34	1965/2/18	熱　海	静観荘（往路バス）	330
35	1965/10/12-23		第2回海外旅行　ハワイアメリカ	43
36	1966/2/15-20		瀬戸内海一周旅行（5泊6日）	80
37	1966/8/17	伊豆下田	伊豆下田温泉ホテル	238
38	1967/2/21	常磐湯本	常磐ハワイアンセンター	180
39	1967/10-18-23		山陰旅行（5泊6日）	82
40	1968/2/20	南房総	鴨川観光ホテル	160
41	1968/5/23-6/16		第3回海外旅行　ヨーロッパ一周	43
42	1968/10/16-18	裏磐梯・東山	裏磐梯・東山温泉（2泊3日）	120

出典：『横山町奉仕会二十五年史』『横山町奉仕会三十五年史』より作成.
注：1人参加に必要な奉仕券の枚数は基本300枚だが，旅行の規模によって変動する.

施している。一九六〇年代以降、近場の温泉旅行は個人でも行くことが容易になり、行くことが難しい遠隔地への招待旅行が始まった。一泊二日の温泉旅行に比べ奉仕券が多く必要であり、購入額が多い小売店へのサービスの一環と思われる。

　こうした団体旅行は、顧客や取引先の招待旅行だけでなく、企業で働く従業員を連れた職場の社員旅行でも実施されるようになった。先述した船橋ヘルスセンターは、年二回の職場旅行を実施していた。一九五七年二月に熱海温泉へ従業員慰安旅行を実施、一〇月にも箱根小涌園《こわきえん》、五八年九月に鬼怒川温泉、五九年一〇月に伊香保温泉、一九六〇年二月に安房《あわ》鴨川《かもがわ》と清澄山《きよすみやま》宿坊に分宿、九月に伊豆大島、六一年二月に伊豆下田、九月に奥飯坂温泉、六二年三月に湯河原温泉を訪れている（山川編、一九八六）。

　箱根や伊豆は首都圏の団体旅行の受け皿として発

展していたが、中京圏からの職場旅行でも行先に選ばれていた。名古屋に本店を置く東海銀行の為替課が一九六〇年に実施した職場旅行では、名古屋から急行で四時間かけ熱海に到着し、つるや旅館に宿泊したのち、翌日は十国峠《じゅっこくとうげ》を経て箱根をめぐり、小田原から名古屋へ帰路につく行程であった。職場旅行の参加者らは、旅行の思い出として作文集を発行していた（東海本店為替課『熱海、箱根紀行』発行年不明）。ただ、参加者の職場旅行での思い出の多くは、旅館での宴会や遊覧先での風景（ここでは、二日目に見た富士山があげられる）をとりあげ、温泉への入浴やその感想に関しての記述はほとんどみられなかった。団体での温泉旅行の目的は、宴会や名所観光をしながら一緒に長時間過ごすことで、グループの親睦や結びつきを強め、また気分転換を図ることにあった。こうした団体旅行で温泉地を訪れても、多くの人は宴会や観光に重きを置くため、温泉に入浴し「癒される」といった温泉地の「療養」としての機能はほとんど顧みられなかったのである。また、参加者のなかには「自分の小遣いではとうてい実現出来そうもない高級旅館に泊ることができたのもうれしかった」という声も残されていた。こうした職場旅行の多くは、企業の福利厚生費や従業員自らの積立を利用することで安価に実現していたため、従業員の費用負担は多くなかった。少人数の旅行を志向しながらも、様々な機会を利用して団体旅行に参加することで、多額の負担をせずに温泉旅行を楽しんでいたのである。

温泉地を訪れる男性客のなかには、「性」の売買を目的にするものも多かった。温泉地のなかには近世から遊廓が併設され、また、第二次世界大戦後は赤線・青線地帯を有した地域が各地に存在していた。一九五七年の売春防止法施行以降、こうした温泉地内の赤線地帯では転業が図られたが、実態として多くは合法的ではない形で「売春」が残ることとなった。実際、一九六〇年代以降の週刊誌や日刊新聞には、「夜の温泉」案内として、温泉地で男性が「遊ぶため」の様々な情報が掲載されるようになっていた。温泉地では、「温泉芸者」が芸だけでなく体を売ることも行われており、男性の団体客らは、高くない二、三流の旅館に泊まり、そうした女性らとの一夜を過ごしたのである。温泉地によってその費用は異なるが、六〇年当時、二〇〇〇〜三〇〇〇円程度となっていた。

男性たちの温泉旅行

一九六〇年代以降、レジャーを中心に家族やグループ客らで賑わうようになる温泉地では、「性」を売り買いする場としての顔も有していたのである。こうした男性の団体客は、熱海・伊東・別府といった温泉地の宿泊客数増加に寄与したものの、女性客や家族連れが温泉旅行の中心となる一九七〇年代以降には「負」のイメージが定着し、団体旅行客の減少も含め温泉地に悪影響を及ぼすこととなった。

では、一九六〇年代前半の温泉旅行の費用やコースをみてみよう。人々の給与水準は年々上昇し、労働者一人当たりの平均給与額は一九五五年の二万二〇〇〇円程度から六一年には三万円を超え、六五年には四万六〇〇〇円まで上昇した（森永監修、二〇〇八）。

一九六〇年代前半の温泉旅行の費用

一九六一年時に東京―熱海間を二等で乗車した場合、片道二九〇円（一〇二～一〇五キロ）、準急など特別列車を利用した場合にはプラス二〇〇円かかった。当時、熱海や伊東の温泉旅館の宿泊料は安くて一〇〇〇～一五〇〇円程度、高級なもので二五〇〇～三〇〇〇円程度であった。したがって、東京から熱海に一泊二日で訪れるには、交通費（一〇〇〇円程度）や宿泊費（二〇〇〇円程度）を含め、三〇〇〇～四〇〇〇円程度必要であった。また、国民保養温泉地であれば安価な国民宿舎に一泊二食で五〇〇～一〇〇〇円、自炊であれば一〇〇～一五〇円程度で宿泊できた。三〇〇〇円程度あれば、交通費込みでも二、三泊の温泉旅行が可能であった。

こうした温泉旅行の費用に対して、実際の旅行費の支出額をみてみよう。一九六二年刊行の『全国旅行動態調査報告書』によると、六一年当時、世帯平均の旅行費の平均家計支出額は、年間一万六三三五円（家計支出を伴わないものを含めると、年間一万七一〇〇円）であった。ただ、近畿で一万六一二六円、東京で一万四〇九八円など大都市住民の旅行費の支出が多い一方、四国で五三六六円、九州で七七二四円と地域差が大きかった。家族四人程度の大都市の住民であれば、年一回、近隣の温泉地に一泊旅行する程度の支出をしていた。ただ、旅行費の家計支出が四〇〇〇円未満の世帯が約半数と、世帯によっても差があった。したがって、職場旅行や招待旅行など、費用をあまりかけず旅行する選択肢が重要であったのである。

家族旅行の普及

年間一万円程度の支出にとどまった旅行費であったが、家族旅行は一九六〇年代以降広く普及するようになった。旅行雑誌だけでなく婦人雑誌においても、家族旅行の様々なプランを特集するようになったのである。例えば、『婦人倶楽部』一九六一年五月号には、「家族旅行のコース・プラン」という記事で、札幌・仙台・東京・名古屋・大阪・広島・福岡を起点とした一泊二日・二泊三日の旅行プランが提案された。いずれも一泊では三〇〇〇円前後、二泊では五、六〇〇〇円の費用が想定され、洞爺湖《とうやこ》・芦ノ牧《あしのまき》・信州山田《やまだ》・箱根・下呂・城崎・湯ノ峰《ゆのみね》・道後・阿蘇・指宿といった温泉地が宿泊地に選ばれていた。景勝地などをめぐるコースが設定されるとともに、大規模な温泉地も対象とされていた。また、六三年七月号の『婦人生活』には、読者からの投稿をもとにプランを紹介し、安価で楽しめるコースを読者らの口コミから得ようとしていた。

一九六三年一月号の『旅』には「新春一〇〇〇〇円プラン集」として、一人二五〇〇円程度、四人家族総額一万円で楽しめるプランが紹介された。前述のように一九六〇年代前半の旅行費の目安は一家族一万円程度で、東京では神奈川の七沢《ななさわ》温泉、大阪では淡路島《あわじしま》や城崎温泉が旅行先としてあげられていた。宿泊費が高い温泉地では一泊二日、三〇〇〇円の費用が必要なため、より安価な宿泊先として各地に登場していた国民宿舎（例えば、伊豆では天城《あまぎ》の木太刀荘《きだちそう》、土肥《とい》のふじみ荘など）も紹介されていた。

熱海後楽園

一九六〇年代後半以降、家族を中心とした旅行の行先としてレジャー施設が選ばれるようになり、各地に温泉施設と融合したレジャー施設が建設された。一九六〇年代に建設された温泉地のレジャー施設として、熱海後楽園・ナガシマスパーランド・常磐ハワイアンセンターをとりあげてみよう。

宿泊客数増加に伴いインフラ設備の整備事業が展開していた熱海では、一九五〇年代後半に下水道施設建設が企図されていた。熱海の景勝地である錦《にしき》ケ浦《がうら》の近くに、処理場建設が予定されていたものの、住民による猛烈な反対にあった。反対運動のなかで当時の小《こ》松勇次《まつゆうじ》市長は、一九六〇年に後楽園スタヂアム（現株式会社東京ドーム）社長の真鍋八千《まなべやち》代《よ》に相談し、この処理場建設で埋め立てた地域での観光施設建設を実現させた。宿泊施設と日帰り客中心のレジャー施設をつくる計画で、実際、処理場の上に円形大ホール・海浜プール・遊園地・講演場・広場・大浴場を備えた総合的な観光センターとして、レストセンターが建設された。円形大ホールではプロ演芸を提供し、遊園地では大観覧車や蒸気機関車など大人が楽しめる設備を整えた。バスで来場した団体客は、午前中から温泉に入り、食事やショーを楽しむことが想定されていた。加えて、収容人数五〇〇名の洋風ホテルやボウリング場、ビリヤード場が設けられ、これら施設は六五年八月に営業を開始した（後楽園スタヂアム社史編纂委員会編、一九九〇）。六九年時、宿泊料は団体旅行客で三〇〇〇円、個人であれば四〇〇〇円以上、レストセンターは入場料が五〇〇円であった（六九年時の映画館入場料は七〇〇円）。熱海後楽園を訪れる利用客数は年間一〇〇万人程度で、うち約四割が団体客、そして日帰り客が九割を占めていた。先述した六一年時の熱海温泉の宿泊料二〇〇〇円と比べると、六〇年代後半には宿泊料が約二倍に上昇していた。ただ、労働者一人当たりの平均給与額は、一九六〇年代を通して三倍程度上昇しており（六九年に七万五〇〇〇円、七〇年に約八万九〇〇〇円へ増加）、レジャー施設の宿泊費の上昇は相対的に緩やかであったことがうかがわれる。

ナガシマスパーランド

一九六三年八月、伊勢湾《いせわん》に面した三重県長島町《ながしまちょう》（現桑名市）で六〇度の温泉が噴出した。六四年一一月、この温泉を利用したグランスパー長島温泉が営業を開始した。敷地面積三万三〇〇〇㎡、鉄筋四階建ての温泉会館

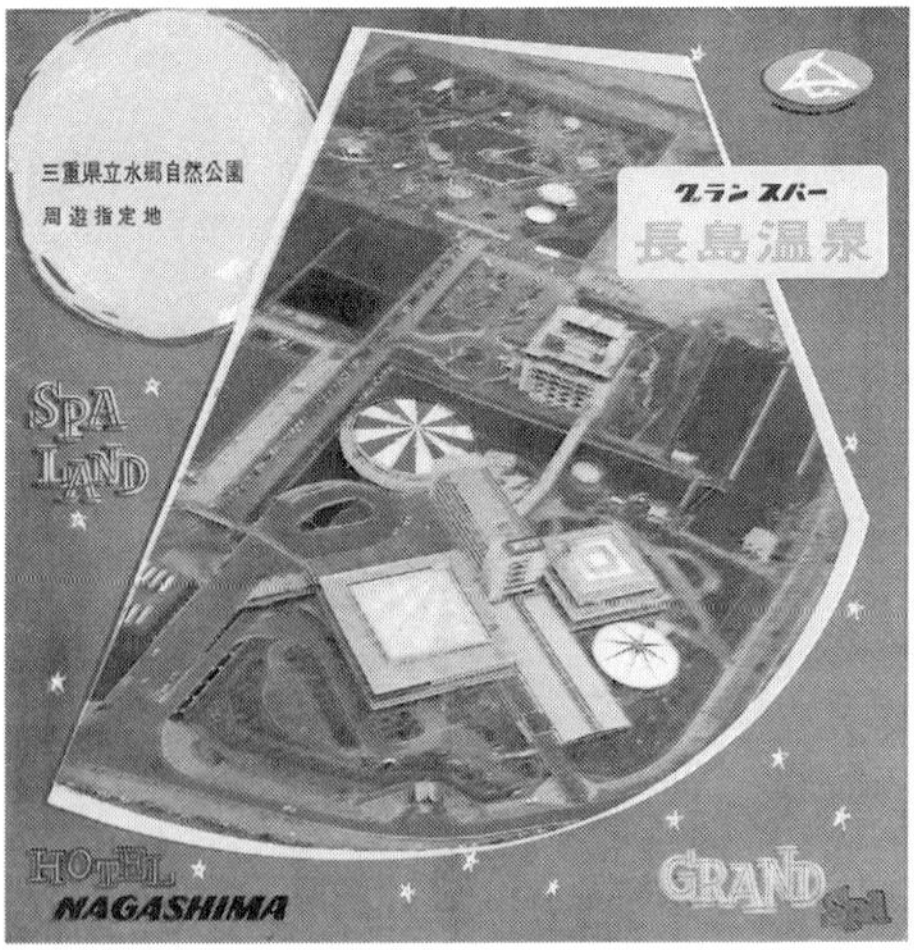

図13　グランスパー長島温泉パンフレット

には、二五〇〇人分のロッカーが用意され、一日一万トンの豊富な温泉を利用した、一度に二〇〇〇人が入れる直径五〇メートルの円形大浴場が設けられた。ダンスホール・各種遊技場・食堂・売店などが設けられたほか、同年一二月に宿泊施設としてホテルナガシマがオープンした。同ホテルは政府登録国際観光ホテルとして、客室数五二、全室天然温泉がでる浴室を完備したデラックスホテルであった。

　開業以降、施設は拡大し、翌年六月には五〇メートルの屋内温泉プールが完成、一九六六年三月総工費三億円をかけて誕生したのがナガシマスパーランド（遊園地）であった。ジェットコースター（全長五一八メートル、高さ二〇メートル）や、遊園地・ホテル・大浴場を結ぶ汽車弁慶号、子ども動物園が設けられた。また、同年七月にはシーサイドプールがオープンした。長さ一一〇メートル、幅三〇メートルのプールを中核とした、一度に二万人が収容できる屋外プール施設で、子どもプールや飛び込み台が設けられた。その後も第二ホール（温泉）・熱帯植物園が登場するなど、日本最大の総合レジャーランドとなった。六九年時の入場料は、温泉五〇〇円、スパーランド一〇〇円（温泉入場者はサービス）、屋内温泉プール三〇〇円、シーサイドプール四〇〇円、ホテルの宿泊料は五〇〇〇円（和風別館などでは三五〇〇円程度で宿泊可能）であった。来場者数は開園後から順調に増加し、六五年一八〇万人から六八年二八五万人となった（長島観光開発株式会社編、一九九四）。六九年の利用客層を年齢別でみると、二〇・三〇代で六割を超え、名古屋から車で三〇分の距離にある利便性から愛知・三重・岐阜・静岡県など中部地方各地から多くの利用客を集客していた（『月刊ホテル旅館』七巻五号、一九七〇年）。

常磐ハワイアンセンター

福島県の太平洋に面した浜通り地域は、常磐《じょうばん》炭田が所在する地域で石炭産業が盛んな地域であった。ただ、一九五〇年代後半から進展したエネルギー革命（主要なエネルギー源が石炭から石油に変化）の影響で鉱山経営は悪化し、事業の新たな展開を模索する必要に迫られていた。常磐炭田の有力な炭鉱企業でもあった常磐炭鉱は、新たな事業として一九六六年に常磐ハワイアンセンターを開設した。常磐炭田は炭層付近に温泉水が流れており、石炭の掘削の際に温泉水が噴出する炭田であった。第二次世界大戦以前には、掘削が原因で近隣の湯本温泉の湧出量減少を招き、炭鉱と温泉地とで対立した歴史も有していた（高柳、二〇二一）。常磐炭鉱でも、石炭の掘削の際に温泉湧出が激しく、石炭一トンあたりの掘削で六八度の温泉が六〇トン噴出していた。年間売り上げ一五〇億円に対して、ポンプなど様々な湧出対策の費用で一五億円がかかっていた。こうしたことからも、温泉を利用した事業として、ハワイアンセンターが構想されたのである。その後、常磐湯本観光株式会社を設立、総工費二三億円をかけて六六年一月に開業した。一〇万坪の敷地には巨大ドームに包まれたハワイアンセンターを中心として、五〇メートルの温泉プール・子どもプール・劇場・舞台付の広間が設けられ、宿泊施設として観光ホテルと低料金施設のレストハウスが建設された。のちに映画の題材となる炭鉱従業員の娘らによるタヒチアンダンスが有名で、ハワイアンセンターの最大の呼び物でもあった。六九年時のセンターの入場料は大人四〇〇円（宿泊客は三五〇円）、ホテルの宿泊料は三〇〇〇円程度であった。レジャー施設の少ない東北地方を中心に集客したハワイアンセンターは、初年度から入場者数が一二〇万人を超え、六九年には一五〇万人に達した（『レジャー産業資料』四巻七号、一九七一年）。

一九六〇年代には、レジャーを楽しもうとする人々のニーズを受け、右記の地域だけでなく全国各地の温泉地に遊園地・ヘルスセンター・動物園など多種多様なレジャー施設がつくられ、温泉旅行のレジャー化が進展した。

プール付き旅館の登場

ヘルスセンターをはじめ多くのレジャー施設にはプールが整備されていたが、元来、温泉地とプールとの関係は深かった。第二次世界大戦以前には、温泉旅館の大浴場を「温泉プール」と称して宣伝する旅館もあった。広い浴槽はプールにも見立てられていたのである。また、そうした大浴場とは別に、温泉を利用したプールも登場した。一九二七年には伊東温泉プール、ほかにも第二次世界大戦以前に北海道の湯《ゆ》の川《かわ》・根《ね》崎《さき》・定山渓・下賀茂温泉や長野の志《し》賀《が》高原の上林ホテルなどでプールが設置されていた。ただ、温泉プールは遊泳には不向きで、競技やその練習は難しいことが指摘されている（『温泉』二一巻三号、一九五三年）。

第二次世界大戦以後、一九五四年時点では、全国の一般向けのプールはまだ数が少なく、『観光施設便覧』によると全国五二ヵ所、いずれも県や市による公営がほとんどであった。五五年の学習指導要領によって小学校の授業内容に水泳が導入されるようになったこともあり、六一年には全国で一二一ヵ所に増加した。温泉地にも花巻《はなまき》・金田一《きんたいち》・志戸平《しどたいら》・塩《しお》原《ばら》・山代・伊東・峰（静岡）・別府・小《お》浜《ばま》に設けられた。その後、ヘルスセンターを中心にプールが温泉地に設けられ、一九六〇年代半ば以降、温泉地の旅館・ホテルにもプールが設けられるようになった。

温泉地の旅館・ホテルは、家族連れ旅行を呼び込むための施策としてプールを設置した。

六七年一月号の『旅』には、温泉プールがある旅館や温泉地の一覧が掲載され、定山渓のホテル鹿《しか》ノ湯《ゆ》、芦ノ牧の芦ノ牧観光ホテル、四万の山口館《やまぐちかん》、宮ノ下の富士屋《ふじや》ホテル、蓮台寺の清流荘《せいりゅうそう》、下賀茂のホテル伊古奈《いこな》、下呂の水明館《すいめいかん》、栃木《とちのき》（熊本）の小山《おやま》旅館などがあげられている。ヘルスセンターと同様に、プールの存在は家族旅行の集客にとって重要な要素となったのである。

多様化する温泉旅行

一九七〇年代以降

団体旅行から少人数へ

大阪万博と旅行熱

一九七〇年三月から半年間開催された大阪万博は、入場者数が六四〇〇万人を超え（日本人六二五一万人、外国人一七〇万人）、日本各地から多くの人々が万博に訪れ「列島大移動」の様相を呈した。

万博は、人々の旅行熱を高めただけでなく、旅行する習慣も定着させた。実際、国民一人当たりの宿泊を伴う観光旅行の回数は、一九六一年の〇・三六回から、六七年〇・五五回、七二年〇・七五回、さらに七六年〇・九六回へと急増した。一世帯当たりの旅行支出も六五年の一万八六一円から七〇年二万四三八二円、七五年四万七〇九二円へ四倍以上に増加した。この間、世帯の消費支出の総額は年間五九万円（六五年）から約二〇〇万円（七五年）へ三倍強の増加にとどまっており、旅行支出の増加が顕著であったことがうかがえる。

ただ、こうした旅行機会の増加には地域差があり、大都市に比べ中小都市や郡部では旅行はまだ「ぜいたく」なものとされていた。事実、万博の翌年には旅行者数が急減するなど、景気や大規模イベントの開催に影響を受けやすかった（日本交通公社、一九七九）。

「ディスカバー・ジャパン」

一九七〇年一〇月、国鉄は万博終了後の輸送力の落ち込みを懸念し、旅客誘致の新たな施策として「ディスカバー・ジャパン」キャンペーンを実施した。「旅に出て、日本の豊かな自然や、美しい風土、伝統、こまやかな人情などを自分自身で発見してもらう」ことをコンセプトに、多くの人々に「旅に出てもらう」ことを企図したキャンペーンであった。七〇年当時、仙台藩の御家騒動を題材とした山本周五郎《やまもとしゅうごろう》原作の『樅《もみ》ノ木は残った』がNHK大河ドラマで放映されており、東北地方がキャンペーンの重点地域とされた。キャンペーンに合わせて七〇年一〇月号の『旅』では東北地方が特集されたほか、国鉄の企画商品として東京・名古屋・大阪から東北地方への「ミニ周遊券」が販売された（その後、全国一三ヵ所の観光地へ広がった）。国鉄をはじめとして、観光地や旅行会社らが共同で観光客誘致を企画したキャンペーン活動は、以後、「一枚の切符から」「いい日旅立ち」などの企画にひきつがれることとなる。

このような一九七〇年以降大規模に展開された旅行キャンペーンの背景には、六〇年代後半、それまで団体旅行でめぐっていた著名な観光地やレジャー施設とは異なる「開発されていない」観光地や温泉地が注目されるようになった事情が存在していた。「郷愁」や「素朴さ」を体感できる古い街並み・街道・城下町・神社仏閣への関心が高まり、六〇年代の雑誌『旅』での特集には城下町や小京都といった古き日本を感じさせるものが多くとりあげられていた（森、二〇一〇）。

秘湯・一軒宿を求めて

温泉旅行においても、巨大ホテルや温泉街が形成された大規模温泉地とは対極にある秘湯が注目された。秘湯とは、「人に知られていない山里や山中にあって昔から効能があるとされている温泉」（『日本国語大辞典』）とされている。

秘湯は、一九五〇年代から雑誌や書籍でたびたびとりあげられていた。人があまり立ち入らない奥地への関心が増した一九六〇年代以降、秘境ブームが到来するなかで（例えば、岡田喜秋『日本の秘境』東京創元社　一九六〇年など）、山奥の温泉が秘湯として注目されるようになったのである。『旅』では、「東北三泊・魅力のコース集　山形の秘湯・大平《おおだいら》温泉―県別秘境めぐり―」（一九六四年八月号）や「読者が選んだ東北の秘湯」（一九六六年八月号）、「みちのくの秘湯」（一九六八年一〇月号）など、秘湯をテーマとした特集が登場した。主に東北地方の温泉地がとりあげられ、銀山《ぎんざん》・泥湯《どろゆ》・乳頭《にゅうとう》温泉郷の温泉地が秘湯とされていた。

加えて、温泉街とは対照的な「一軒宿の温泉」も注目され、「ひとり旅に絶好な早春の旅先ガイド　一軒宿の温泉」（『旅』一九六四年年三月号）や「旅情ある一軒宿の温泉」（『旅』一九六九年一月号）なども特集されている。山奥に存在し、かつ一軒の宿しかない温泉地がおすすめの旅行先になりつつあったのである。

「秘湯」が普及

一九七〇年代以降、「秘湯」が温泉旅行の行先として身近な存在となった。『旅』では一九七一年に、山本鉱太郎《やまもとこうたろう》の「私の秘湯さがし」が連載されるとともに、七三年には山と渓谷社の『日本と世界の旅』で大石真人《おおいしまひと》による「名湯秘湯」という秘湯紹介の記事が登場した。そして、週刊誌にも画一的な旅行先ではなく、「自分だけの旅」の行先として、秘湯がとりあげられるようになった。例えば、一九七三年四月二六日号の『週刊サンケイ』では、ガイドブックに記載されていない三浦《みうら》半島の阿《あ》部倉《べくら》温泉や阿武隈《あぶくま》高原にある小野町《おのまち》の温泉が紹介されている。また、一九七四年一〇月一七日号の『週刊文春』では、「紅葉と温泉の穴場二〇か所」として、東北の夏油《げとう》・二岐《ふたまた》・沼尻《ぬまじり》や栃木県の奥鬼怒《おくきぬ》温泉郷、静岡県三島《みしま》市の竹倉《たけくら》温泉や伊豆《いず》の白田《しらだ》温泉がとりあげられている。安価に宿泊できるだけでなく、旅行客が訪れることが少ない閑静な温泉地が穴場として選ばれていたのである。

一九七五年には、日本秘湯を守る会が設立された。この守る会は、朝日旅行会を主催していた岩木一二三《いわきひふみ》が提唱し、交通が不便な山の温泉宿三三軒が集まって創設された組織であった。この会に所属する温泉宿の一覧・紹介として『日本の秘湯』が刊行され、その後版が重ねられたほか、「秘湯」を冠した書籍も数多く出版されるようになった。

交通網が不便で、時には歩いていくことしかできない秘湯は、こうした雑誌の特集などでとりあげられることで、多くの人々が気軽に訪れることができるようになっていった。皮肉なことに、交通網の進展による「秘湯」の利用客数の増加は、宿泊施設の拡大や周辺地域の開発、外部からの新たな旅館の進出をもたらし、それまでとは異なった情景をみせるようになったのである。実際、「秘湯とは人外境に存在する湯」と定義していた山岳界の「秘湯」好きの人々も、「今のように旅行がさかんで、新聞が「秘湯」なんて書きたてたら、だんだん秘湯が秘湯でなくなってしまう」（『温泉』三七巻九号、一九六九年）と、「秘湯らしさ」が失われていることを指摘している。

一九七〇〜八〇年代にかけて「秘湯」は、湯治療養を目的とする湯治湯と異なって、自然のなかでゆっくりと温泉を楽しむ場として温泉旅行の主要な行先の一つに定着した。

つげ義春が好んだ鄙びた温泉

この時期、鄙《ひな》びた温泉地に注目し、その様子を写真や漫画に残していたのが、つげ義春《よしはる》であった。つげが訪れたのは、観光行楽の様相がほとんどみられない温泉地で、北は青森から南は九州まで様々な場所をめぐっていた。

例えば、一九七六年につげは青森・秋田の湯治場を訪れている（つげ、二〇一二）。つげが、その温泉旅行で最初に訪れた南外村《なんがいむら》（現大仙市《だいせん》）の湯ノ神《ゆかみ》温泉は、温泉案内にはめったに紹介されない田園地帯に位置する湯治場であった。学校の校舎のような部屋には、収容所のように布団が敷き詰められ、つげは泊まる気をなくしたと記している。次につげは、田沢湖《たざわこ》近くの黒湯《くろゆ》温泉に向かった。黒湯周辺は、六九年につげが訪れた際とは異なり、レジャー施設や洋風の建物がたてられ昔の飯場のような様相が失われていたものの、宿泊した「黒湯」の宿舎はワラ葺き・板葺きの木造で佇《たたず》まいの素朴さが残っていた。最後につげが宿泊したのは、泥湯温泉であった。ここは客寄せの露天風呂をつくるなど世俗的な状況にはならず、観光地のマネをしない点を高く評価している。つげは、観光客の姿が見えない、粗末なつくりを中心とした鄙びた温泉地を好んでいた。源泉の効能といった療養の側面ではなく、温泉地での過ごし方や温泉地が持つ佇まいに注目し、その情景を作品に残していたのである。

このように、観光行楽客を大量に抱える温泉地とは異なった「秘湯」の温泉地が注目されるように、一九七〇年代以降、人々の温泉旅行はさらに多様化していくこととなった。ただ、「秘湯」ブームが、結果的に「秘湯らしさ」を失わせたのは、先述の通りである。

家族旅行とマイカー

一九七〇年代は、温泉旅行の行先だけでなく旅行形態も大きく変化し始めた時期であった。一九六六年と一九七六年の旅行者総数を比較すると、旅行者総数は五一四一万人から七四八二万人に増加した。旅行形態別では、団体旅行は二六〇〇万人前後でほとんど変化がない一方、グループ旅行（同行者が少人数なもの）は一二七〇万人から一九五三万人へ、家族旅行は九六七万人から二五二九万人、ひとり旅は二七二万人から三五九万人に増加した。職場旅行や地域内による団体旅行が伸び悩むなか、家族単位や友人などとの少人数旅行が増加したのである。

家族旅行が増加した背景には、核家族化やファミリー意識の浸透といった要因に加え、一九六〇年代後半以降のモータリゼーションの進展やマイカー所有の拡大といった影響も強かった。実際、自家用車の普及率が高まるとともに、高速道路などの道路網整備と相まって、ドライブ旅行を楽しむことが一般的となった。六四年に観光旅行での利用交通機関の割合では八％ほどであった自家用車は、七六年には二八％まで上昇していた（日本交通公社、一九七九）。六七年の調査では、過去にドライブに行った旅行先として、上位に箱《はこ》根《ね》・伊豆・日光《にっこう》・鬼怒川といった温泉地があげられている。ドライブ旅行が普及することで、「家族（特に子ども）を気軽に連れて行かれるようになった」という声も多く聞かれ、調査を実施した日本交通公社は「むしろ連れて行ってほしいとせがまれるようになったのだと考えてよかろう」と分析している（日本交通公社、一九六九）。ドライブ旅行の普及は、「家族」での「少人数」旅行をより増加させるものであった。

ドライブ・レジャー・温泉

乗用車の普及は、鉄道沿線周辺の温泉地や観光地を楽しむだけでなく、ドライブをしながら様々な観光施設をめぐって温泉地に宿泊するという温泉旅行を可能にした。

一九七〇年代以降、それまでに引き続き、各地には様々なレジャー施設が登場した。温泉地の近隣に登場したレジャー施設として、和歌山県白浜《しらはま》温泉の近くの南紀白浜ワールドサファリ（現アドベンチャーワールド）、別府《べっぷ》温泉の近隣のアフリカンサファリ（七八年）、那須《なす》温泉の近くには那須《なす》サファリパーク（八〇年）といった施設があげられる。動物が居住するなかを車で見学するサファリパークは、ドライブ旅行と非常に相性がよく、温泉地周辺以外にも群馬サファリパーク（七九年）・富士サファリパーク（八〇年）などが登場している。レジャー施設への立ち寄りと温泉地での宿泊を合わせたドライブ旅行による観光ルートが形成され、子ども連れの家族旅行の目的地になった。

女性旅とひとり旅のススメ

一九五〇年代以降、「ひとり旅」が雑誌の特集としてとりあげられるようになった。ただ、観光旅行においてひとり旅の割合は低く、一九六八年の調査では観光旅行全体のうち四・七%を占めるに過ぎなかった（団体五二・二%、家族一八・五%、友人二四・四%）。また、男女で比較すると、女性は男性に比べ旅行する機会が少ないうえに（過去一年間で旅行しなかった男性二七%に対して女性四六%）、女性のひとり旅の割合も低かった（男性五・九%、女性三・一%）。特に若年女性のひとり旅の割合は低く、二〇代で三・九%、三〇代では一%に過ぎなかった（日本観光協会、一九六九）。

『旅』では、一九六〇年九月号で「女性の旅」、一九六五年九月号で「サラリガール」特集が組まれた。特に社会人になったばかりの若い女性を対象とした旅行が推奨された（山本、二〇一二）。女性向けの周遊プランでは、読者からの投稿も紹介され、各地を一週間程度周遊するルートのなかで温泉地が宿泊地として選ばれていた（例えば、北海道では湯《ゆ》の川《かわ》・川湯《かわゆ》・層雲峡《そううんきょう》、北陸では山中《やまなか》・湯涌《ゆわく》、九州ではえびの・雲仙《うんぜん》など）。

一九七〇年代以降には、「女性のひとり旅」がとりあげられるようになった（『旅』一九七一年三月号）。女性のひとり旅では宿の確保が難しく（旅館では、ひとり旅は酒の注文が少ないなど敬遠されやすかった）、また、カギのかかる部屋が不可欠といった設備面でのハードルが高かった。ただ、『ａｎａｎ』や『ｎｏｎｎｏ』といった女性雑誌が旅行を特集すると、女性の旅行客も増加し、旅館側は女性のひとり旅にも対応するようになった。

宿泊客の増加と温泉地の拡大

一九七〇年代以降の旅行者数の増加は、温泉地での宿泊人員も増加させた。一九六四年に八七三七万人であった温泉地の延べ宿泊利用人員数は、六七年に八九六三万人、七〇年に一億一二六万人、七三年に一億一七九一万人へと増加した。ただ、七八年に一億八五八万人へ減少したのち、一九八〇年代半ばまで一億一〇〇〇万人前後を推移した。また、全国の温泉地数・源泉数は、六七年の一三九〇ヵ所・一万六〇六二ヵ所から七六年一九三九ヵ所・二万一三一五ヵ所へ増加した（『温泉』所収「都道府県別温泉利用状況」各年度より）。

一九七〇年代以降、団体旅行が低迷するなか、これまで大量の団体旅行客を吸収してきた大規模温泉地の利用客数はどのように推移したのだろうか。雑誌『温泉』では、主要温泉地の宿泊客数ランキングを数年に一度発表している。表6は一九六八・七三・七八年の温泉地宿泊客数で一〇〇万人以上の温泉地を表したものである。

温泉地の宿泊客数の統計は、時期や都道府県によって集計方法などが異なる場合もあるため、おおまかな趨勢をみていきたい。一九七〇年代に多くの宿泊客数を抱えていたのは、別府・熱海《あたみ》・箱根・白浜・伊東《いとう》・鬼怒川であった。別府を除いて、首都圏や関西の大都市を後背地として立地していた温泉地で、それぞれ第二次世界大戦以前から発展し、戦後復興期から五〇年代に急拡大した温泉地であった。また、宿泊客数二〇〇万人を超える大規模温泉地だけでなく、一〇〇万人前後の宿泊客数を抱える首都圏・中京圏・関西圏の近隣に位置する温泉地（例えば、首都圏では伊香保《いかほ》・草津《くさつ》・塩原《しおばら》・那須・湯河原《ゆがわら》など、関西圏では片山津《かたやまづ》・山代《やましろ》など、中京圏では下呂《げろ》）が発展を遂げていた。なかでも六〇年代に温泉が発見された山梨県の石和《いさわ》温泉は六八年時に二七万人であった宿泊客数が、一〇年間で一〇〇万人を突破した。また、地方都市の奥座敷の温泉地（飯坂《いいざか》・皆生《かいけ》など）や、七〇年代以降に観光地化が進んだ北海道の温泉地（登別《のぼりべつ》・洞爺湖《とうやこ》・定山渓《じょうざんけい》）も規模拡大を実現していた

1978年（昭和53年）		
順位	温泉地	宿泊者数
1	別府	530
2	熱海	418
3	箱根	350
4	白浜	245
5	鬼怒川	241
6	伊東	232
7	草津	159
8	湯河原・泉	148
9	伊香保	125
10	山代	124
11	登別	121
12	指宿	118
13	戸倉上山田	116
14	飯坂	116
15	嬉野	116
16	片山津	112
17	石和	111
18	定山渓	109
19	塩原	107
20	下呂・萩原下呂	102
	合　計	3,700

表6　100万人以上の宿泊者数の温泉地（単位：万人）

1968年（昭和43年）			1973年（昭和48年）		
順位	温泉地	宿泊者数	順位	温泉地	宿泊者数
1	別府	497	1	別府	567
2	熱海・伊豆山	411	2	箱根温泉郷	473
3	箱根温泉郷	394	3	熱海・伊豆山	426
4	白浜	238	4	伊東	321
5	伊東	190	5	白浜	224
6	鬼怒川	171	6	湯田中・渋	185
7	湯田中・渋温泉郷	170	7	鬼怒川	185
8	塩原温泉郷	166	8	片山津	180
9	湯河原・泉	147	9	飯坂	169
10	那智勝浦	142	10	那智勝浦	167
11	妙高・赤倉	106	11	草津	166
12	戸倉・上山田	104	12	湯河原・泉	151
13	伊香保	100	13	霧島温泉郷	141
	合　計	2,836	14	戸倉上山田	128
			15	妙高・赤倉	126
			16	道後	122
			17	伊香保	121
			18	山代	118
			19	下呂・萩原下呂	111
			20	伊豆長岡	110
			21	洞爺湖	109
			22	登別	108
			23	那須温泉郷	107
			24	皆生	100
				合　計	4,615

出典：「主要温泉地の宿泊者推移」『温泉』56巻7号，1988年.
注：湯田中・渋は1978年のデータには志賀高原が含まれていない(1978年は89万人).

（北海道では、一〇〇万人には到達しないものの、湯の川・層雲峡・阿寒湖畔《あかんこはん》・川湯といった温泉地が数十万人の宿泊客を吸収していた）。

一九七〇年代の温泉旅行の費用

一九七〇年代、日本の消費者物価は、七三年のオイルショックなどの影響で急上昇した。八〇年の消費者物価指数を一〇〇とすると、七〇年四二・三、七五年七二・九と一〇年間で二・五倍上昇していた（三和・原、二〇一〇）。こうした物価上昇に対して賃金も上昇した。労働者一人当たりの平均給与額は六〇年代後半に五万円台、七一年には一〇万円台を突破した。その後、七五年には二〇万円台、八〇年には三一万円を突破し、一〇年間で約三倍上昇した（森永監修、二〇〇八）。加えて、七〇年代の消費支出（二人以上の世帯）は、食料費の割合が減少するなかで、交際費や教養娯楽費の割合を高めていた（六三年の食料費三六・六％が、八〇年には二七・八％へ減少している〈矢野恒太記念会、二〇二〇〉）。人々の生活に余裕が生じるようになり、衣食住以外への支出割合が高まったのである。

では、当該期の東京から熱海への一泊二日の温泉旅行の費用をみていこう（ここでは交通公社時刻表に掲載されている温泉旅館をとりあげる。これらの温泉旅館は、日本交通公社の協定旅館や日本観光旅館連盟会員旅館などサービスが安定している旅館であった）。一九六九年、国鉄は運賃や料金体系をそれまでの一等・二等という区分から普通車・グリーン車という区分に改めるとともに料金改訂を行った。改訂後の六九年五月の東京—熱海間の運賃は、片道四七〇円、特急料金六〇〇円、新幹線こだま号の場合は七〇〇円であった。七〇年代の物価上昇のもと、七八年には同区間の運賃は一〇〇〇円、特急料金一五〇〇円、新幹線料金は一六〇〇円に上昇した。七〇年代を通じて、運賃など交通費は倍増した。

熱海温泉の旅館の宿泊料（一部屋二人での使用、一泊二食）は、一九六九年時オフシーズンの平日で一五〇〇～二〇〇〇円程度、オンシーズン（夏休みや休前日）では、二〇〇〇～六〇〇〇円が一般的な価格帯であった（高級旅館のなかには八、九〇〇〇円の宿泊料の旅館もあった）。この宿泊料は、七八年のオフシーズンの平日で八〇〇〇～一万五〇〇〇円程度に、オンシーズンには一万二〇〇〇～二万円程度の範囲まで上昇した（高級旅館では宿泊料が三、四万円にもなった）。

一九六〇年代終わりの熱海への一泊二日の温泉旅行では、オンシーズンで交通費往復二〇〇〇円、宿泊料四〇〇〇円程度で、諸経費を含め七〇〇〇円程度の費用が必要であった。その費用は、一九七〇年代終りには、交通費往復五〇〇〇円、宿泊料一万五〇〇〇円前後に上昇した。物価・賃金上昇と同様に、温泉旅行の費用も上昇していたのである。

ただ、伊豆の温泉旅館の宿泊料は、東北や九州など他の温泉地と比べてやや高額であった状況は変わりがなかった。例えば、福島の奥座敷であった飯坂温泉では、一九七八年時にオフシーズンで五〇〇〇円、オンシーズンでは一万〜一万二〇〇〇円程度で、伊豆の三分の二から半分程度の費用で済んだ。

こうした旅行費用が高騰する一方、若年層を中心に、安価で宿泊できる民宿やユースホステルを利用した旅行が楽しまれるようになった。温泉地でもこうした安価に宿泊できる施設が求められ、国民保養温泉地には国民宿舎が建設されたほか、民宿などの施設が設けられた。一九七六年、石川県山中温泉では旅館に併設させる形で「温泉民宿」を誕生させている。温泉旅館で一泊二食八〇〇〇円程度であった価格を、温泉民宿では一泊二食三五〇〇円という低価格で提供した。接客は簡素にするものの、食事などはなるべく質をおとさずに対応するなど、温泉は高いというイメージを持つ若者をターゲットにした取り組みであった（『温泉』四四巻一一号、一九七六年）。

ヘルスセンターの終焉

旅行の環境が変化するなか、都市近郊で気軽にレジャーを楽しめる施設として集客していたヘルスセンターの置かれた状況も大きく変化した。宿泊を伴う温泉旅行の増加は、日帰り利用が中心のヘルスセンターの利用客数減少を招いたのである。

開園当初、団体旅行客など多くの利用者で賑わった船橋《ふなばし》ヘルスセンターは、一九六〇年代後半には利用客数が減少し始めていた（六五年三七八万人であった利用客数は六八年二九六万人に減少)。六七年には人工海岸を整備するなど、客数回復へのテコ入れをするほどであった(『東邦経済』四〇巻三号、一九七〇年)。七〇年代以降の利用客数は最盛期の半分以下に落ち込み、赤字経営に陥った(『財界』二五巻六号、一九七七年)。こうした利用客数減少の背景として、①主たる顧客層であった農漁村が宅地開発に伴い減少、②家族風呂の普及による大衆浴場需要の減少、③テレビの普及によるショー需要の減少、④交通インフラの進展による温泉旅行の遠距離化、⑤施設の老朽化などが指摘されている(『レジャー産業資料』一〇巻二号、一九七七年)。そして、船橋ヘルスセンターは、温泉の汲み上げすぎによる地盤沈下の影響もあり七七年に閉園した。跡地には、当時経営を掌握していた三井不動産によって、ショッピングセンター(ららぽーと)が建設された。

船橋ヘルスセンターだけでなく、小規模のヘルスセンターでも利用客数減少が顕著であった。多くのヘルスセンターは安物ショーと簡素な料理が提供される程度のサービス内容であったため、二、三度リピートする客は多くなく、年を経るにつれ客数が減少していた。また、中京圏の巨大ヘルスセンターとして多くの客を呼び込んでいた長島温泉でも、一九七〇年に二九四万人まで増加した利用客数は、七七年に二一五万人へ減少した。その後、長島温泉では遊園地の整備に多額の資金を投入し、新機種のアトラクションを導入、八〇年には三三二万人へと回復した(長島観光開発株式会社編、一九九四)。また、六〇年代に活況であった有馬《ありま》ヘルスセンターは、開業の翌年六三年に約六〇万人を記録した入場客数が、七二年に有馬ビューホテルが併設建設されたものの、七六年には五〇万人を割り、その後四〇万人台で推移した。

一九七〇年代以降、余暇や教育費など衣食住以外への支出割合が高まるとともに、秘湯や一軒宿が行先として選ばれるなど、人々の温泉旅行の志向は多様化した。加えて、マイカーの普及によって鉄道沿線以外の観光スポットにも注目が集まり、家族を単位としたドライブでの少人数旅行の実施も容易になった。家族で楽しめるレジャー施設の存在が高まった一方で、七〇年代後半には、多くの人々は余暇を過ごす対象としてヘルスセンターを選ばなくなった。温泉旅行の変化や新たなレジャー施設の登場が、ヘルスセンターの余暇活動での意義を低下させたのである。

健康志向の高まりと湯治場

温泉利用による治療・療養

保養目的で整備された国民保養温泉地は、一九七三年に全国五七ヵ所、七八年に六四ヵ所に指定地域が増加した（『観光白書』各年度）。ただ、指定地域が拡大したにもかかわらず、これら保養温泉地の延宿泊利用人員は六〇年代前半の水準にとどまっていた（七七年時に九四〇万人程度〈『温泉科学』二九巻三号、一九七九年〉）。加えて、五〇年代前半に広く喧伝された「温泉療法」の普及は芳しくなかった。

多くの温泉地には、第二次世界大戦以前に設けられた陸軍の療養所を淵源とした国立病院が設置され、温泉療法を実施できる施設が設けられていた（温泉病院として整備された温泉地として、登別・鳴子《なるこ》・飯坂・塩原・草津・上山田《かみやまだ》・鹿教湯《かけゆ》・湯河原・熱海・伊東・月ケ瀬《つきがせ》・

山中・下呂・白浜・三朝《みささ》・玉造《たまつくり》・別府・嬉野・霧島《きりしま》などがあげられる）。ただ、日本では医師が温泉療養や湯治をすすめることが少なく、病院でも温泉を利用した治療・療養が限られていた。医師との連携不足は、温泉地の国立病院における温泉利用の少なさにも表れ、一九五五年前後の温泉地の国立温泉病院の患者のうち、温泉利用患者数は全入院の一一～二四％、全外来の五％ほどであった（『温泉研究』二〇・二一・二二、一九六一年）。

温泉療養の見直し

温泉を利用した病院での治療や療養がそれほど普及しないなかでも、温泉療養を志向する人は一定数いた。一九五〇年代に温泉療養の相談記事を雑誌『温泉』に掲載していた日本温泉協会には、読者から数多くの温泉療養の相談があった。そこで、同協会では六七年に雑誌『温泉』上で温泉療養相談所という窓口を開設し、療養相談募集の記事を掲載した。相談者は、①病名・症状、②発病から現在までの経過、③現在までの治療法、④過去の病歴、⑤温泉療養の条件（地域・旅館・自炊の可否・値段など）といった資料とともに相談料金五〇〇円を送ることで、温泉療養の相談をすることができた。そして、一九七〇年一月号から『温泉』誌上では「温泉療養相談」の企画が復活し、東京大学物療内科の医師が相談に回答していた。初回はむち打ち症・脳しんとうが相談内容で、医師は三、四週間の療養と長時間の微温浴（泉温が高くない温泉への入浴）を推奨し、カルルス・法師《ほうし》・増冨《ますとみ》・下部《しもべ》・伊東・湯原《ゆばら》・嬉野・別府といった温泉地をすすめていた。加えて同号には、「療養と湯治の温泉紹介」として群馬の山奥に位置する奈女沢《なめざわ》温泉がとりあげられ、湯治体験者の「口コミ」も紹介された。こうした温泉療養への根強い関心から大島良雄《おおしまよしお》・山本鉱太郎『温泉療養案内』（七二年）や大石真人『病気療養温泉案内』（七二年）のほか、日本温泉協会では大島良雄・矢野良一《やのりょういち》『温泉療養の手引き』（七五年）といったガイドブックが出版され、温泉療養の普及がすすめられたのである。

温泉療養が見直された背景には、高度経済成長期以降顕在化したノイローゼ・むち打ち症・神経性胃炎といった「現代病」の存在が大きかった。近代医学が進展し国民皆保険制度が整備されるなかで、多くの病が治療できるようになった一方、慢性の病が多くの人々を悩ませたからであった。温泉地において、入浴と健康的な規則正しい生活を送り、適度な安静と刺激を繰り返すことで、体を平常な状態に戻すことが期待されていたのである（『旅』一九七五年三月号）。加えて一九七六年には、日本温泉気候物理学会が「温泉療法医」という認定医の仕組みを構築し、医学的に支える体制も整った。

温泉と「健康」ブーム

中高年人口の増加や成人病疾患の増大といった要因を背景に、一九七〇年代後半から健康食品の流行やスポーツクラブの新設など、「健康」志向の高まりがみられた。温泉地もそうした「健康」ブームの影響を受けるようになった。

一九八〇年一月号の『旅』では、「温泉ヘルスプラン」特集が組まれている。ここでは、全国四〇〇〇ヵ所の療養・保養温泉の泉質や効能、それぞれの温泉地の交通アクセス・料金などの一覧が掲載されていたほか、大島や山本らによる温泉療法やそれぞれの効能に適した温泉地紹介を内容とした座談会も収録されていた。加えて、温泉療養によって健康回復した読者投稿も掲載され、白内障のリハビリとして眼病効果で著名な新潟県貝掛《かいかけ》温泉、骨折の療養として玉川《たまがわ》・箱根温泉、ヘルニアの療養として鉄輪《かんなわ》温泉が紹介された。

こうした療養・健康増進の視点からの温泉地紹介は、その後も特集されている（「温泉リフレッシュ」『旅』一九八五年一月号）。温泉地と「健康」との結びつきはガイドブックの内容にも影響し、八〇年の『温泉健康法全ガイド付・効能別温泉一覧』（交通公社のガイドシリーズ）、八三年の『女性にすすめる全国温泉宿ガイド―美肌と健康はこの温泉で―』が登場した。「健康ブーム」の到来によって、温泉利用の「療養」の機能が再評価されるようになったのである。そして、「温泉療養」にも観光行楽の側面が付与され、純然たる湯治療養目的とはやや異なった、「健康」を動機とした温泉旅行を楽しむ人が増えていった。

湯治の費用

一九七〇年代の湯治療養には、前述した『温泉』の「療養と湯治の温泉紹介」に掲載された群馬県の奈女沢温泉、静岡県の畑毛《はたけ》・奈古谷《なこや》温泉で、旅館に宿泊する場合、一泊二食二〇〇〇〜二五〇〇円程度の費用が必要であった。旅館によって自炊の可否が異なっており、自炊ができない旅館では、長期滞在を前提とする湯治客に安価で療養に適した食事を提供していた。一方、自炊部が発達した温泉旅館も数多く、例えば青森県の酸ヶ湯《すかゆ》温泉は滞在方法によって料金体系が細かく分けられていた。一般客が二八〇〇〜三〇〇〇円程度の宿泊料金に対して、湯治療養の滞在客は、旅館に宿泊し二食が付く場合二五〇〇円程度、湯治療養で食事を自炊する場合には、部屋の大小に違いはあるものの、寝具代九〇〜一四〇円、光熱費五〇円、冬季には暖房代一四〇円のほか、室料として五〇〇〜七〇〇円程度と安価に設定された。また、秋田県の相野々《あいのの》温泉は一泊二食の湯治で一一二〇円、自炊の場合の部屋代は三二〇円（ほかに暖房費・寝具代の負担あり）であった（『温泉』一九七三年七月号）。このように湯治は、一泊一〇〇〇円（自炊の場合）〜三〇〇〇円程度（旅館二食付き）の幅のなかで利用されていた。

では、人々は湯治療養でどのように温泉地に滞在していたのだろうか。一九七三年一〇月中旬に群馬県四万《しま》温泉を訪れたある農家の家族は、八〇・五〇・四〇代の女性三人で自宅のある群馬県勢多《せた》郡から自家用車で訪れていた。農閑期の保養として一〇日間滞在し、宿泊料二万七〇〇〇円、木炭二俵七五〇円、入湯税・サービス料を含めて総額三万二八五〇円（三人あわせて）の費用であった。米は持参し、副食費は一人四、五〇〇〇円程度かかった。四万では湯治客が一日一〇〇〇円程度の費用であったのに対して、観光客は三〇〇〇円程度の支出が必要で、観光目的の温泉旅行と比べれば、まだ湯治は安価であったことがうかがわれる。ただ、四万温泉の湯治客は七〇年と七二年での比較で三〇万人から二八万人へと微減する一方、観光行楽目的の宿泊客数は一九万人から二〇万人へと微増していた（『温泉』一九七四年一月号）。

湯治場の変化

「健康ブーム」が到来する一方で、湯治場では湯治客の減少という事態に直面していた。例えば、自炊の湯治客中心の温泉地であった宮城県の東鳴子温泉のある旅館では、一九六一年の湯治客数二四〇四人（実数）、延べ二万九五五五人、平均滞在日数一二・三泊から、七九年には二〇五九人、延べ一万八二四四人、平均八・九泊へと、人員・平均滞在日数がともに減少していた。農業の近代化にあわせた農家の兼業化の影響など、湯治療養にあてられる休日の減少が背景にあったとされる。また、訪れる湯治客の約七割が宮城県内からで、近隣地域との結びつきが強かった。湯治療養中心の温泉地の多くが、こうしたローカルな市場のもとで展開されていたのである。

全体的に厳しい状況に陥った湯治場であったが、利用客数を増加させた湯治場もあった。

一九七〇年に国民保養温泉地に指定された栃木県の板室《いたむろ》温泉では、宿泊料金が高騰しつつあった那須湯本や草津温泉から流入してきた湯治客や、首都圏から訪れる利用客を吸収した。八三年の板室温泉館と呼ばれる共同湯は、栃木県内（三二％）だけでなく東京二三区（二七％）、埼玉・千葉など南関東からの客が多く占めていた（福島や群馬からは多くない）。宿泊料金が安価な民宿や国民宿舎が設けられていた板室温泉は、七〇年の一一万人から八三年には二六万人へと利用客数を増加させていた（山村、一九九八）。

一九八〇年代以降、国民保養温泉地を中心に、クアハウスと呼ばれる健康増進施設が整備された。クアハウスはドイツのバーデン・バーデンにあるフリードリッヒ浴場を参考にして、日本の湯治の方式を取り入れたシステムであった。浴場・トレーニングルーム・リラックスルーム・健康相談室を備えた健康づくりのための施設であり、以後八〇年代末までに、全国で約二〇軒設けられた（健康と温泉 forum 実行委員会、一九八六）。

以上のように、「健康」への関心が高まり療養の観点から温泉が見直されたものの、湯治場の様相を強く残した温泉地は敬遠されるようになっていた。湯治場のありようも、大都市との関わりや生活スタイルの変化のなかで展開し、多様なものとなっていったのである。

バブル期の旅館改築・増築

一九八〇年代の活況

一九八〇年代後半以降、海外旅行客数が急増した。七〇年代から八〇年代前半に約五〇〇万人程度を推移していた海外への旅行客数は、円高の影響もあり、八五年四九五万人から九〇年一一〇〇万人、九五年一五三〇万人と増加した。一方、国内旅行も八〇年代半ば以降のバブル経済が展開するなかで拡大した。八〇年代に一億三〇〇〇万～一億五〇〇〇万人の間で推移していた国内宿泊観光旅行者数（宿泊を伴う観光レクリエーション）は、バブル景気のもと一九九一年には二億人を突破した（日本旅行業協会、二〇〇六）。

人々の旅行の目的や行動も一九八〇年代以降徐々に変化した。日本観光協会が定期的に行っていたアンケートにおいて、七〇年代の旅行の主な目的は「慰安旅行」と「名所・スポーツ見物、行楽」で約六割を占めていた。しかし、八八年には五〇％を下回り、「スポーツ・レクリエーション」（一九％）、「温泉に入る」（一三％）が増加した。同様に、旅行先での行動についても「温泉浴」を楽しむ割合は高まっていた。七二年アンケートでは、「自然の風景を見る」（五五％）、「名所・旧跡を見る」（三八％）に続いていた「温泉浴」（二八％）は、八六年には「自然・風景を見る」（五二％）に次ぐ四五％まで上昇した（「名所・旧跡を見る」は三六％であった）。旅行形態では、家族旅行約三割、家族を含めた友人・知人との旅行が約三〜四割を占め、依然として少人数旅行が中心であった。このように、八〇年代をとおして、「温泉浴」を目的とした旅行（家族など少人数旅行）の割合が高まっていたのである（日本観光協会、二〇〇〇）。

国内旅行の拡大と温泉旅行の志向の高まりを受け、温泉地の延宿泊利用人員数は一九八〇年代前半の一億一〇〇〇万人前後から（一九八五年には一億一二八九万人）、八八年一億三〇八六万人、九一年一億四二八五万人へと増加した。一九八〇年代後半のバブル景気のもと、温泉地は活況を迎えたのである（『温泉』所収「都道府県別温泉利用状況」各年度より）。

表7　アンケートによる人気温泉地

温　泉	票数
別　府	58
草　津	50
四　万	48
箱　根	43
登　別	40
下　呂	39
熱　川	35
法　師	34
城　崎	31
伊　東	29
山　中	27
那　須	26
鳴　子	25
宝　川	25
伊香保	24
湯河原	24
熱　海	22
鬼怒川・川治	21

出典：『温泉』51巻10号, 1983年.

首都圏在住者の人気温泉地

では、一九八〇年代前半の人々の温泉旅行の志向を日本温泉協会が八三年に実施した「旅と温泉展」への入場者へのアンケート（回答数一五四〇人）からみていこう。アンケートの対象者は、東京、または近県の温泉愛好者で、一一七三名が男性、三六七名が女性、三〇代以下が三四四名、四〇代以上が一一九六名で、中高年層がその中心であった。表7は、アンケートによる人気の温泉地一覧である。首都圏在住の温泉愛好者らが別府を好んでいること、群馬県の法師・宝川《たからがわ》、栃木県の奥鬼怒といった一軒宿ないし秘湯の温泉地が選ばれていることが特徴的であった。

小規模・秘湯の温泉地への志向は、当時、ある旅行会社で募集されていたツアーにおいて、奥鬼怒・四万・万座《まんざ》・鹿教湯などの温泉地をめぐる一泊二日の温泉旅行が一万五〇〇〇〜二万二〇〇〇円程度で募集していたなどの影響が考えられる（山村、一九八三）。また、当時国鉄がキャンペーンしていた「フルムーン夫婦グリーンパス」で、法師温泉を舞台としたポスターが作成されていたことも指摘されている。団体旅行でめぐっていた大規模温泉地よりも、情緒や自然環境のよさといった、温泉地が本来持っている特徴が注目されていたのである。ただ、一九八〇年代後半にかけて、そうした温泉旅行の志向とは別な視点で、温泉地への関心が高まることとなる。

リゾート開発と別荘・マンション

一九八五年前後から展開したバブル経済は、各地で土地投機を生み、住宅ブームが到来した。加えて、八六年以降、全国各地で大規模リゾート開発が進展した。開発地域は、北海道から沖縄まで広がり、ゴルフ場・プール・スキー場・キャンプ場・テニスコートなどのほか、宿泊施設も備えた一大レジャー施設建設が計画された。加えて、各種リゾート開発とともに、数多くの不動産会社が別荘やリゾートマンションを各地で分譲するようになった。別荘地では長野県蓼《たて》科《しな》・軽井沢《かるいざわ》地区、山梨県富士地区、栃木県那須地区で多くが供給され、リゾートマンションは越後湯沢《えちごゆざわ》や草津、伊豆半島の熱海・伊東、神奈川県の箱根といった首都圏に近接した温泉地を中心に物件が供給されるなど、東京近隣を中心に展開した。リゾートマンションには、プール・テニスコート・レストラン・アスレチックジムなどが付帯され、居住面積によって異なるが一〇〇〇〜五〇〇〇万円程度の価格帯で販売された。特に草津・伊豆・

箱根のリゾートマンションでは温泉大浴場が設けられていた（『レジャー産業資料』二〇巻三号、一九八七年）。ホテル・旅館に宿泊するのではなく、温泉に入浴するため、また老後の生活の拠点を温泉地に移すため、温泉付別荘やリゾートマンションが選ばれるようになったのである。

特に熱海では、一九七〇年代前半にリゾートマンションが多く建設され、その後、下火になったものの、バブル下のブームのなかで再び建設計画が増加した。八八年までの二年間で約八〇件のリゾートマンション建設が申請され（自治体問題研究所編『住民と自治』一九八八年）、九一年までに約九〇〇〇戸のリゾートマンションが完成し、熱海市面積の五％をリゾートマンションで占めた（『財界展望』三五巻七号、一九九一年）。温暖で風光明媚な熱海は、老後の生活拠点や東京への近接性から週末を過ごすセカンドハウスとしての利用など、温泉旅行とは異なった形で使われる場となった。

公共の宿

また、一九八〇年代は「公共の宿」と呼ばれる各種公共団体が建設・運営するホテル・旅館が各地に数多く登場した。それまで国民宿舎など簡素でありながらも安価な施設として運営されていた公共の宿は、この時期リニューアルとともに新たに豪華な施設として、民間のホテル・旅館と同様の設備を持った施設に生まれ変わった。

公共の宿には、国民宿舎のほか、各種公的機関によって運営された国民休暇村・勤労福祉センター（いこいの村など）・簡易保険保養センター（かんぽの宿）・グリーンピア・厚生年金休暇センターなど数多く存在していた。いずれの施設も仲居によるサービスなどが省略され簡素なサービスであったものの、大浴場・スポーツ施設などの設備や豪華な料理などが提供され、民間のホテル・旅館に比べて低価格が売りだった。実際、当時一万五〇〇〇〜二万円程度であった温泉旅館の一泊二食の価格に対して、これら公共の宿は二〜三割安価に提供していた。細かなサービスを廃した仕組みはグループ客や若年層に受け、以後、「公共の宿」を専門に紹介するガイドも登場するようになった。

ホテル・旅館の経営変化

この時期、地域団体や職場の団体旅行を主な対象としていたホテル・旅館では経営が悪化し始め、画一的なサービスや施設では集客が不十分となった。少人数旅行の拡大に加え、女性客のグループ旅行など、それまでのニーズとは異なった旅行客が増加したからであった。加えて、「公共の宿」の出現は、宿泊業全体の競争をますます激しいものとし、ホテル・旅館経営のありようが大きく変化した。旅行者の様々なニーズに対応するためのサービスの多様化や施設の更新・高級化が求められ、温泉地のホテル・旅館では設備の充実をはかるために改装・改良が一挙に進展した。

雑誌『月刊ホテル旅館』では、一九八〇年頃から温泉地や観光地のホテル・旅館の新たな設備投資の状況や改装事例を紹介する記事を掲載していた。八〇年から「温泉旅館の投資研究」「観光地旅館の投資研究」、八六年には「温泉観光地旅館のニュービジョン」という記事のなかで様々な事例が紹介されている。これらの記事でとりあげられたホテル・旅館では、数億から三、四〇億円程度の資金が投入され、規模の拡大とともに施設の充実がはかられた。

デラックス化する施設

ホテル・旅館での投資内容はそれぞれ異なっているが、いくつかの共通点がみられた。

第一に、会議室・コンベンションホールの充実があげられる。それまでの温泉地のホテル・旅館の多くは観光客を宿泊させることに特化していた。しかし、様々なニーズへの対応とともに、近隣の地方都市からの会議・宴会需要の取り組みが行われた。実際、伊香保温泉のホテル天坊《てんぼう》（一九七三年から総投資額は一〇年間で約四〇億円）では、前橋・高崎からの来訪を企図し、少人数から対応できる会議室や宴会場の整備に加え、最大一〇〇〇名収容のバンケットホールを新設し、広範囲からの需要の取り込みを図った。加えて、そうした宴会場を利用した周辺地域の婚礼宴会の獲得も図られた。

第二に、宴会や会議の利用客増加への対応として、付帯施設の充実があげられる。ロビーなどパブリックスペース（宴会客場利用客の待合の役割）の拡大・改装のほか、カフェやバー、ナイトクラブといった施設の改良が企図された。例えば、湯治場の性格が強い四万温泉の四万やまぐち館では、一九八六年に一一億五〇〇〇万円の費用をかけて、従来の木造湯治棟を解体し新たな客室に加え、大浴場や「俵町」と名付けられた大正ロマンを演出した町並みを館内に整備し、カフェ・クラブ・ラーメン屋・売店を設置した（『月刊ホテル旅館』二三巻九号、一九八六年）。こうした施設の拡充はそれまで宴会後、温泉街のクラブやスナックを訪れていた宿泊客をホテル・旅館内に留め、宿泊客一人当たりの消費額が増加した。実際、伊東のあるホテルでは投資の前後で、一人当たりの消費単価が一泊一万三〇〇〇円程度から一万九〇〇〇円程度へと増加した。ただ、ホテル・旅館の売り上げが増加した一方で、温泉街への消費の波及効果はなくなってしまった。

第三に、サービスの高級化も図られた。静岡県今井浜《いまいはま》温泉の今井荘は、一九七八年の地震で休業していたものの、八五年に三五億円の資金を投じて高級旅館に生まれ変わった。高級志向を追究し、客室は一二・五畳に次の間四畳半の客室を標準とし、客室内で仲居による抹茶のサービス、懐石風の部屋だしの料理などサービスを充実させた。そうした施策によって、客単価は最低一人二万四〇〇〇円、平均客単価三万円の価格帯の旅館として生まれ変わったのである。

第四に、家族旅行や少人数のグループ旅行の普及から、様々な層のニーズに対応するための施設としてプールやテニスコートなどが整備され、大浴場のリニューアルも行われた。特に夏場の家族連れの集客を図るため、鬼怒川温泉の鬼怒川グランドホテルでは屋上に子ども用プールを整備するなど、ファミリー層の獲得が図られた。

なかでも、大浴場の改装は高級化や宿泊客増加のための重要な施策の一つでもあった。大浴場のリニューアルに際して特に重視されたのが

露天風呂の設置

露天風呂であった。人々の露天風呂への関心は古く、一九五〇年代の『旅』でもとりあげられ、また一九七二年一二月号の『旅』では雑誌全体が露天風呂の特集号であった。ただ、当時とりあげられていた露天風呂は、温泉地内の屋外に設けられる共同湯が多く、「野天風呂」という名称もつけられていた。一九五六年一一月号の露天風呂の紹介では、栃木県大丸《おおまる》温泉や新潟県大湯《おおゆ》温泉など観光行楽の要素が薄い温泉地で、川沿いに展開する野天風呂が紹介されている。また七二年の特集では、猿と一緒に入浴できる長野県地獄谷《じごくだに》温泉や、プールのような大規模な野天風呂を有している群馬県宝川温泉、滝のすぐ横に設けられている静岡県天城《あまぎ》大滝《おおだる》温泉が紹介され、多くが一軒宿の温泉旅館であった。七〇年代では、こうした旅館外の露天風呂・野天風呂がある温泉地紹介（一軒宿情報を含む）が一般的であった。露天風呂を主題とした七七年発行の市川潔著『露天風呂の旅』でも、北は知床《しれとこ》の

カムイワッカの湯から南は屋久島《やくしま》の平内《ひらうち》温泉まで五三ヵ所の温泉地が紹介されたなか、旅館内の露天風呂の紹介は若干数にとどまっていた。

しかし、一九八〇年代以降、旅館の大浴場に併設された露天風呂が宿泊者から求められるようになった（付帯設備として露天風呂に加え、サウナも併設された）。実際、露天風呂を含めた大浴場が重点的な設備投資の対象になるホテルもあり、雲仙温泉の新湯ホテルでは総額一三億円をかけ、目玉商品としての露天風呂を設けただけでなく、女性客を意識して男性用と同程度に広い大浴場を整備した（『月刊ホテル旅館』二三巻九号）。それぞれのホテル・旅館での露天風呂の整備や大浴場の工夫は、ホテル・旅館の大浴場をメインにとりあげたガイドブックの登場を促した。八六年には『風呂自慢の宿―露天風呂・おもしろ温泉宿一七〇選―』（日本交通公社出版事業局）や藤代恵也編著『露天風呂のある宿―全国の名湯二〇〇選　ひなびた温泉郷から湯の町まで―』（KBトラベルガイド）といった、特徴的な大浴場・露天風呂を備えるホテル・旅館が紹介され、以後、旅館内の「露天風呂」を特集したガイドが数多く出版されるようになった。

名物料理の登場

一九八〇年代以降、旅館の設備の充実に加え、温泉旅行の楽しみの一つとして、旅行時の「食」への関心が高まった。温泉地・観光地の名物や食事処の紹介に加え、宿泊するホテル・旅館で味わえる料理が宿泊先を選ぶ重要な要素となったのである。

高度経済成長期までの温泉旅館の料理は、団体旅行客のために大量の膳をいっせいに配置する必要があった。加えて、山奥でもマグロの刺身を提供するなど、その内容は画一的なもので、地の食材を扱うよりも大量に調達できる東京の市場から仕入れるなど、当時の冷凍技術や流通システムの革新を利用していた。

家族旅行やグループ旅行といった少人数旅行が拡大するなか、団体旅行客向けの料理からの転換が図られ、温泉旅館は地元の食材や名物をとりいれた新たな料理を目玉とするようになった。『月刊ホテル旅館』では一九七六年各地旅館で成功した「アイデア料理」、八〇年からは「売れる自慢料理」として、各地の旅館の自慢料理を紹介している。「売れる自慢料理」の第一回には由布院《ゆふいん》温泉の玉の湯が登場し、「精進料理をベースとした田舎料理」が紹介された。近隣の農家でつくられる野菜や山菜、地鶏を仕入れるほか、絶滅しかかっていた豊後牛の飼育を協力していた関係でだされる豊後牛のステーキなど、四季折々の旬の物、そして地の物を用いた料理であった。由布院でとれる食材を提供し、また手間暇かけてだされる料理はここでしか味わえないものであった（『月刊ホテル旅館』一七巻六号、一九八〇年）。このように、それぞれの温泉地や宿にあわせた料理を提供する工夫が行われ、高級化にあわせて懐石や割烹風の料理をだす旅館も増えていった。

温泉旅館における料理への注目によって、温泉と料理・グルメをセットにしたガイドブックは一九八〇年代半ば以降数多く登場した。例えば、『全国味覚の温泉―名物料理に舌づつみをうつ旅―』（一九八六年）は、それぞれの温泉地で名物料理や郷土料理を提供するホテル・旅館を、料理のカラー写真とともに紹介している。露天風呂の特集と同様に、料理においても個々のホテル・旅館がとりあげられるようになった。

一九八〇年代以降、温泉旅行は、「温泉地へ行く」というよりも、ホテル・旅館に「宿泊に行く」という意識に変化しつつあった。そして、露天風呂などの有無といった温泉浴場やクラブなどの付帯施設、客室の豪華さとともに料理のよし悪しで温泉旅館とともに、その温泉地が評価されるようになったのである。

では、一九八〇年代後半から九〇年代前半の温泉旅行の費用をみていこう。

バブル期の温泉旅行の費用

労働者一人当たりの平均給与額は、一九八〇年代に三〇万円台から四〇万円台に上昇し、九二年には四八万三五二七円に達した（森永監修、二〇〇八）。日本観光協会が行った調査によると、八七年時の個人旅行の総費用は四万三〇〇〇円程度、宿泊費は一泊一万四〇〇〇円前後の支出額であった（『月刊観光』二五八号、一九八八年）。

東京から熱海への一泊二日の温泉旅行の費用をみていこう。国鉄からＪＲへの移行以降、運賃の値上げは消費税導入以外になく、一九八八年に東京—熱海間の運賃は一八〇〇円（九三年一八五〇円、九八年一八九〇円と上昇）、新幹線料金は一六〇〇円であった。東京—熱海間を新幹線で往復する場合は約七〇〇〇円かかった。

熱海温泉の旅館の宿泊料（一部屋二人での使用、一泊二食）は、一九八八年時は、最低料金（オフシーズンの平日）でも一万円を下回る旅館はほとんどなく、一万五〇〇〇円程度が相場であった。そして、九三年には最低料金が一万五〇〇〇円程度の温泉旅館が一般的となり、二〜三万円程度の宿泊料が必要となった。熱海でも巨大なホテルであったニューフジヤホテル（部屋数三五〇室）の料金は、八八年時一万八〇〇〇〜五万円という幅であったのが、九三年には二万四〇〇〇〜五万円の幅となった。特に小規模な旅館は三万円を超える水準が一般的となった。八〇年代後半から九〇年代前半の温泉旅行、特に熱海のような大都市に近い温泉地では価格帯が上昇していたのである。

バブル崩壊と旅館の苦闘

盛衰の地域差

一九九〇年代の温泉地の延宿泊利用人員数は、九三年一億三九七三万人から、九五年一億四〇五七万人、九八年一億三九七一万人、二〇〇〇年一億三七五二万人と漸減した（『温泉』所収「都道府県別温泉利用状況」各年度より）。円高の影響で、数万円で海外旅行が実現できるようになっただけでなく、バブル崩壊後の景気低迷によって、国内旅行は厳しい状況となった。実際、九八年に二億人程度であった国内宿泊観光旅行者数は減少し、二〇〇四年には約一億五〇〇〇万人にまで減少した（日本旅行業協会、二〇〇六）。この点、温泉地の利用人員の減少幅はあまり大きくなく影響は軽微なようにもみえるが、その動向は地域差が大きかった。都道府県別延宿泊利用人員で全国一位であった静岡県は九一年の一三九七万人から、九五年一一九九万人、二〇〇〇年一〇九八万人へと一〇年間で約三〇〇万人減少し、北海道に次ぐ全国二位に順位を落とした。群馬県でも同様に九一年八三〇万人から二〇〇〇年六六九万人へと急減した。一方、北海道は九一年一二一四万人から二〇〇〇年一三九三万人へと増加し、全国一位となっている。

静岡県など一部の地域で利用人員が急減した背景には、温泉地や観光地に数多く展開していた企業の寮・保養所など福利厚生施設が閉鎖・減少したという事情が影響していた。特に静岡県は寮・保養所の施設が多く、一九九四年時においても会社・団体の宿泊所は全国一位の九〇〇軒を数えていた（二・三位は八〇〇軒程度で神奈川・長野が続く〈『統計でみる日本のサービス業』一九九七年〉）。静岡県のなかでも、特に多くの寮・保養所を抱えていたのが伊豆の温泉地であった。実際、熱海市では八四年に六二九軒であった市内の寮・保養所数は、九一年五二九軒、九五年四八七軒、二〇〇〇年三六四軒に減少し、一〇年には二〇〇軒を割り込んだ（熱海市、二〇一七）。

保養施設の減少

まだ旅行自体が安価ではなかった一九六〇年代には、企業の福利厚生の施設として建設された寮・保養所は、安価に温泉旅行を楽しむため利用されていた。しかし、温泉旅行ニーズの多様化の影響や、七〇年代以降、国民宿舎・民宿・ペンションなど安価に宿泊できる魅力的な施設が登場し、施設の老朽化が目立つ寮・保養所の利用率は低下した。実際、八〇年代半ばの保養所の稼働率は平均二〇％前後であり、休日や祝日にはフル稼働の一方、平日の利用や閑散期には利用が少なかったのである。

また、高度経済成長期に建てられた寮・保養所の改装や建て替えには膨大な資金が必要となるだけでなく、低料金での利用だけでは施設の維持管理費を賄うのも厳しかった。八〇年代半ばには、企業経営や自治体運営において寮・保養所の存在は不要となりつつあったのである。そして、寮・保養所を大型化し教育研修機能を兼ねるなど、多目的な利用を可能にする施設への転換が求められるようになった。ただ、寮・保養所を直接運営することが経営にとって負担となったこともあり、企業の福利厚生のありようは大きく変化するようになった。

会員制福利厚生施設

そうした状況下で新たに登場したのが、法人向けの福利厚生施設として各地に設立されていた会員制のホテル・旅館であった。企業は、全国各地で法人向けのホテル・旅館を運営しサービスを提供している会社と契約し、福利厚生をアウトソーシングするようになった。企業の社員やその家族らは、いつも同じ寮・保養所に宿泊するのではなく、全国に展開しているホテル・旅館のなかから、一定の金額（一般利用者よりも安価に）で選べるようになったのである。例えば、森ビル観光株式会社（現森トラスト）が手掛けた「ラフォーレ」は修善寺《しゅぜんじ》や箱根といった温泉地に展開した。契約企業の社員は、福利厚生として安価（一泊八〇〇〇円程度）に利用することができるようになった（『レジャー産業資料』三一巻三号、一九九八年）。

バブル崩壊以降、多くの企業は自社が所有する寮・保養所の資産を売却することが一般的となった。そうして売却された宿泊施設を買い取り、新たに会員制のホテルなどに転換する企業も現れた。当時、社員寮などの運営を手掛けていた共立メンテナンスは、一九九三年にリゾート事業に参入し、「ドーミーヴィラ軽井沢」を開業した。以後、同社は、バブル崩壊で販売の見込みが立たなくなったリゾートマンション（資金繰りの悪化から金融機関から担保として抑えられた物件）をリゾートホテルに転用（「ウェルネスの森 伊東」「ドーミーヴィラ伊豆山」）、また、企業保養所からプチホテルに転用（「ドーミー倶楽部ヴィラ伊豆高原」）するなど、積極的に宿泊業に進出するようになった（『レジャー産業資料』三三巻八号、二〇〇〇年）。

このように、温泉地に設けられた寮・保養所は新たな運営主体によって経営されるとともに、法人契約による福利厚生の仕組みが多くの企業で導入された。企業の福利厚生のありようの変化によって、温泉旅行の宿泊先も新たな施設が利用されるようになった。

審査される「おもてなし」

一九九〇年代、八〇年代末のバブル期と同様に、温泉旅館など宿泊施設への注目は高いままであった。この時期の特徴は、豪華な設備だけでなく、宿泊客のニーズにあったきめ細かな「気配り」や「おもてなし」といったサービスに焦点があてられたことであった。実際、一九九〇年代前半にTBS（東京放送）で放送された「日本温泉旅館大賞」は、そうした「おもてなし」を重視した温泉旅館の格付けとして最たるものであった。

この賞の審査基準は、「日本旅館の伝統と文化を守っていること」「宿泊料金以上に満足感を得られること」「旅館全体があらゆる努力をしていること」を中心に、料金別に三万五〇〇〇円以上、一万五〇〇〇～三万五〇〇〇円、一万五〇〇〇円以下という松竹梅の三クラスに分けて評価した。旅館の選考は、口コミ・電話アンケート・雑誌・旅行会社が有するデータなどを用いて一次選考を行い、その後、三〇項目に及ぶアンケートと旅館主らへの筆記試験を経て、最終審査は有名人を起用した取材の一方、ミシュラングルメのように覆面調査員（「影のチェックマン」）が一般客を装って検証を行っていた。三〇項目に及ぶアンケートは旅館への出迎えや客室への案内、旅館内の設備、夕食・朝食といった項目が中心で、温泉に関しては温泉浴場についてと、その備品についての二項目のみであった（温泉に関しては中項目がそれぞれ一九・一六設けられていたものの、客室や娯楽場の中項目も二五・二六設けられていた）。これら審査を通して多くの温泉旅館がノミネートされた（のちに出版された『日本温泉旅館大賞の本』に掲載された旅館は四一軒）。

温泉旅館の評価が設備だけでなく「おもてなし」のありようが重視される一方で、本来、メインとなるべき温泉についてのウエイトはそれほど高くなかった。「温泉旅館」をとりあげたものの、その評価の大部分は「旅館」の点にあり、温泉地に立地する旅館の意味以上のものではなかったのである。

こうした宿泊施設への注視は、雑誌『旅』でも同様で、「宿」をテーマとした特集が組まれることが多くなった。一九九三年一一月号の創刊八〇〇号記念号では、「特集日本の宿大全」というテーマで旅館をメインとして扱っていた。温泉地の限定はないものの、ここでも温泉旅館が中心であった。

温泉開発の進展

一九八〇年代後半以降、温泉地の利用客数が頭打ちとなるなか、温泉地の開発は進展した。八五年に全国で二一四五ヵ所であった温泉地数は、九五年には二五〇八ヵ所に、源泉数は二万三九六ヵ所から二万五一二九ヵ所に増加した（『温泉』所収「都道府県別温泉利用状況」各年度より）。宿泊客数の動向とは異なり、一〇年間で約五〇〇〇ヵ所の源泉が新たに開発されていたのである。八〇年代に全国で年間六〇〇〇件前後であった温泉掘削の許可実績は、八八年に一〇〇〇〇件を超え、九〇年には一三四六件まで増加していた。

一九八五〜九五年の宿泊施設数は一万五〇〇二軒から一万五七一四軒への微増にとどまったのに対して、日帰り温泉施設を含む温泉利用の公衆浴場数は同期間に二五九四ヵ所から四三七五ヵ所に増加した。九〇年を前後して全国で展開した温泉開発は、ホテル・旅館での利用よりも日帰り温泉施設での利用を目的としたものであった。そして、バブル経済を挟んだこの時期の温泉開発は、民間の温泉開発だけでなく、地方公共団体などによる開発の増加が顕著であった。

ふるさと創生基金による温泉開発

一九八八年竹下登《たけしたのぼる》内閣は、「ふるさと創生事業」として日本の全市町村約三三〇〇の自治体に一律一億円を交付した。それぞれの市町村は独自の地域づくりのための施策を模索するなか、約五〇〇の自治体が温泉開発に乗り出した。実際、二五〇団体が温泉開発を行い、内九〇%以上の団体で温泉を掘り当てている。そして、多くが観光客誘致や地元住民の慰安の目的で温泉入浴施設を建設した。

各地で誕生した温泉施設は、豪華な施設や浴場をつくり、オープン当初は物珍しさから多くの利用者が訪れた。ただ、周辺自治体との開発競争、各自治体に設けられたことで競合する施設も多く、その後、施設維持にも困難なところがでてくることとなった（石川、二〇〇八)。それでも地域おこしとして成功した温泉施設もあり、例えば、新幹線の駅に設けられた山形新幹線高畠《たかはた》駅の太陽館《たいようかん》、温泉がでなかった地域での開設によって予定の四倍以上の利用者数となった石川県川北町《かわきたまち》のふれあい健康センター、尾瀬《おぜ》観光の拠点となった福島県檜枝岐村《えのえまたむら》のアルザ尾瀬の郷など、地域の観光・福祉の拠点となった。

日帰り温泉の普及

では、東京圏の日帰り温泉施設の利用について、一九九八年に行われたアンケートからみてみよう(山村・小堀、二〇〇〇)。九八年時点で関東地方とその周辺の日帰り温泉施設三九六ヵ所へのアンケートで、回答があった一五九ヵ所の施設の動向である。日帰り温泉施設の開設年度は、安定成長期(七〇年代後半)から八八年までに開設した割合は二六%であった。その後、八九〜九一年が一六%、九二〜九四年が二五%、九五〜九七年が三二%と一〇年以内の開業が七割を超えていた。施設の経営主体は市町村三九%、第三セクター一七%と、公共団体による経営が半分を占め、ふるさと創生基金を利用した地域おこしの施策の影響がうかがわれる。施設の六七%に露天風呂が設けられるなど設備の充実が図られた一方、浴場の建設費は一〜三億円が二六%、三〜五億円が二二%、五億円以上が三二%と多額の費用がかけられた。利用料金は公共団体が関係しているため五〇〇円までが三〇%、五〇〇〜一〇〇〇円が四七%と低料金の施設が多かった。入浴客数の分布では年間三万人までが一二%、三〜五万人は一三%、五～一〇万人が二五％、一〇～二〇万人が三三％、二〇万人以上が一七％であった。

第三セクターが経営する施設は、市町村が経営する施設と比べて規模・集客面で大きかった。これら日帰り温泉施設は、高速道路沿いや有名温泉地の近隣につくられることが多く、地元住民の利用だけでなく県外など、大都市との関係や、温泉めぐりの立ち寄り湯として利用されていた。こうした日帰り温泉の流行は、雑誌での特集や日帰り温泉だけをとりあげたガイドの出版も行われ、一九九〇年代以降、日帰り温泉旅行が急速に普及することとなった。

旅館の整理・縮小

一九九〇年代以降、不景気の影響を受け温泉地のホテル・旅館の廃業や倒産が相次いだ。特に、九七年の山一《やまいち》証券の廃業、北海道拓殖銀行の破綻など、金融システム不安やアジア通貨危機による景気悪化に伴い温泉地の不況は深刻化し、九〇年代後半から二〇〇〇年代にかけて全国各地の温泉地の名のあるホテル・旅館の廃業や倒産を招いた。とりわけ金融機関の破綻は融資先であったホテル・旅館にも影響し、先の「日本温泉旅館大賞」で賞を受賞した秋保《あきう》温泉の瑞鳳《ずいほう》は、メインバンクである北海道拓殖銀行の破綻に伴い経営を悪化させた（『朝日新聞』一九九八年一一月一四日）。〇三年にも足利《あしかが》銀行の破綻により、鬼怒川温泉の多くのホテル・旅館で資金繰りが悪化し、倒産する事案が相次いだ。熱海でも〇一年一一月、高度経済成長期の熱海の代表的なホテルであったつるやホテルが閉館したほか、大月《おおつき》ホテル・金城館《きんじようかん》などが経営悪化で譲渡された。

また、一九九七年の石川県では前年と比較して観光客数が八％減少し、特に温泉街がある加賀《かが》地区では減少率が高く、山代（マイナス九・七％）・山中（マイナス一〇・六％）・片山津（マイナス一二・二％）はいずれも客数の落ち込みが激しかった。会社や団体のグループが急減したことが要因で、直近の一年間に限っても山代で一件、片山津で三件のホテル・旅館が倒産した（『朝日新聞』石川版一九九八年一〇月一四日）。

このように、一九九〇年代末期から二〇〇〇年代初頭は、部屋数も多い巨大なホテル・旅館の大半が、不況と設備維持の困難、宿泊客数の減少、金融機関の破綻といった影響から、苦境に立たされていた。

民間のホテル・旅館と同様に、バブル崩壊以降も増加していた公共の宿も、二〇〇〇年代半ばには経営環境が厳しい状況となっていた。各種公共団体における財政難や行政改革の施策のもとで、公共の宿への多額の設備投資やずさんな運営による赤字額の増加が問題となり、施設の廃止や民間への売却が進んだ。年金機構の年金流用問題で注目された「グリーンピア」は〇五年までに一三ヵ所すべてが売却されている。

デフレ下の価格帯

デフレ下において、温泉旅行のありようは大きく変化した。旅行形態では一九七〇年代から減少しつつあった職場旅行や招待旅行が不景気のなかで一層減り、旅行消費額も減少したのである。

一回あたりの国内旅行の消費額は一九九二年の約四万円から二〇〇四年には約三万五〇〇〇円まで、国内旅行の平均宿泊回数も八八年に年一・七八回から〇四年には年一・五四回まで減った（日本旅行業協会、二〇〇六）。不景気のなかで人々の旅行回数・費用はともに減少した。

加えて、人々の宿泊費に関する意識も大きく変化した。二〇〇二年六月に実施されたライフデザイン研究所の調査では、家族や友人で温泉旅館に宿泊する際の料金について、「値ごろ感がある金額」と「奮発した金額」のアンケートを行っている（二〇～六〇代の男女九五四名が回答）。「値ごろ感がある金額」は、一泊八〇〇〇円程度が一五％、一万円三〇％、一万五〇〇〇円二九％、二万円一五％であった。一方、「奮発した際の金額」では、一万五〇〇〇円が一五％、二万円二九％、二万五〇〇〇円一五％、三万円二二％であった。手ごろな価格であれば一万円が一つの目安となるとともに、二万円の壁は高かったこともうかがえる（生活情報センター編、二〇〇三）。前述したように熱海では、ホテル・旅館の宿泊に最低でも一万五〇〇〇～二万円程度が必要であった。一方で、多くの利用客からみれば二万円の価格帯は「奮発した」という意識があり、それにみあったサービスを期待していただろう。大規模温泉地においては、価格に対するホテル・旅館と宿泊者との間で認識のずれが生じ、一層の客離れを引き起こした。

バブル崩壊後、温泉旅館の宿泊費も低廉化し続け、多くのホテル・旅館は経営を悪化させた。結果、それまでの二万円前後を中心とした温泉旅館の価格帯は分化し、一万円以下で宿泊できる低価格帯のホテル・旅館と、三万円以上の高価格帯のホテル・旅館に二分されるようになった。ホテル・旅館で提供される料理もバイキングが登場し、また簡素なサービスをウリにするようにもなった。『旅』の見出しでも「お得に泊まれる」などの特集が組まれるなど、デフレ下において宿泊費も大きく影響を受けたのである。

二一世紀の温泉旅行

大規模温泉地の模索

苦境が続く温泉地では、二〇〇〇年代以降、各地で「地域おこし」が模索され、停滞した温泉地の活性化が企図されるようになった。それらは、温泉地の地域住民による様々な資源を活用した取り組みが主であった。

例えば、湯畑《ゆばたけ》を中心とした豊富な源泉と多くの泉質を有する草津では、二〇〇一年に「自然湧出として湯量日本一です」「源泉かけ流しの天然温泉です」「強力な殺菌力を誇る温泉です」という標語をかかげて、草津温泉は泉質を大切にしますという言葉とともに「泉質主義」を展開した。そこでは地域住民が利用する共同浴場も観光資源として位置づけられ、温泉自体を楽しむ観光客が増加したのである。

別府では地域内にある共同浴場をめぐる取り組みとして、「別府八湯温泉道」を二〇〇一年に誕生させた。この企画は市内四〇〇ヵ所の温泉施設から選ばれた一三七施設の温泉をめぐるスタンプラリーである。入浴した施設数によって段位（初段から一〇段と名人の計一一のランクが設定され、八八種の浴場をめぐると名人を認定）が設けられ、名人になると表彰や様々な特典が得られた。一〇年までに約二四〇〇人の名人が誕生し、名人を一一回繰り返すと永世名人の称号も与えられた。また、〇一年秋には、旅館経営者らが中心となって「オンパク」（別府八湯温泉泊覧会）と呼ばれる地域資源をいかしたイベントが開催された。温泉地内の回遊性を高めるため、路地裏探索や温泉エクササイズなど体験型のイベントが催された。この仕組みは、NPO法人を通して全国各地に地域おこしの取り組みの一つとして広まった（『IRC Monthly』二〇一〇年五月号）。

このように、草津・別府ともに地域資源である豊富な温泉を活用するとともに、共同浴場など地元住民の生活の一部となっている施設を活用することで、温泉地としての復活を目指した。レジャー施設や観光地をめぐることが主目的であった二〇世紀までの温泉旅行のありように、「温泉」そのものを楽しむ要素が新たに加わったのである。

湯治場の多様化

温泉自体の関心が高まるなかで、旧来の湯治場における湯治療養のありようも変化した。二〇〇〇年代の湯治療養の変化を、先に紹介した宮城県の東鳴子温泉のある旅館を事例にみてみよう。二〇〇〇年時の湯治客の年齢構成では、六〇代が三五・五%、七〇代以上が四五・九%を占め、高齢者が全体の八割を占めていた。一九六七年の同施設では、五〇代二五・六%、六〇代三二・四%、七〇代以上一二・三%であり、湯治客の客層の高齢化が進んだことがうかがえる。また、東鳴子温泉全体でも自炊客が減少する一方（約一〇万人から二万人へ）、旅籠《はたご》客（食事付きの滞在客）が急増していた（約三万人から二〇万人へ）。こうした湯治客の変化は他の温泉地でもみられ、秋田県の玉川温泉は自炊客数には大きな変化がないものの、旅館棟に宿泊する旅籠客や日帰り客を多く受け入れることになった。旅籠客は二〇年で約三倍の一〇万人、日帰り客では一〇倍の九万六〇〇〇人を数えるなど、長期間滞在する湯治療養は減少傾向にあった。

　こうした湯治場の動向について、山村順次は湯治場のタイプを機能別に三つに分類している。病の療養目的で訪れ長期滞在の宿泊客が多い玉川温泉のような療養型湯治場、短期滞在を中心とする保養目的の湯治場であった鉄輪や湯平《ゆのひら》温泉のような保養型湯治場、山奥に立地して自然環境と一体となった温泉情緒を楽しむ湯治場である乳頭《にゅうとう》温泉や白骨《しらほね》温泉などの秘湯型湯治場である。温泉旅行のありようの変化に応じて、それぞれの湯治場は特性をいかし展開をしていくことになる（山村、二〇〇三）。

温泉地の明暗

　二〇〇〇年代以降の温泉地の延べ宿泊人員数は、〇二年一億三六二九万人、〇五年一億三六六一万人、〇八年一億三二六七万人と減少傾向にあり、〇八年のリーマンショックの影響を受けたのちの一〇年には一億二四九二万人まで減少した（環境省HP「温泉利用状況」各年度）。表8は、一九九〇・九五・二〇〇〇・〇五・一〇年の一〇〇万人以上の宿泊者数の温泉地の一覧である。一九九〇年に一〇〇万人以上の温泉地は二七ヵ所であったものの、二〇〇〇年には二〇ヵ所に減少し、一〇年までに一三ヵ所まで減少した。

二〇〇一年と一〇年で、「温泉地宿泊者数ベスト一〇〇」掲載の温泉地で比較すると、〇一年を一〇〇とした場合、一〇年の宿泊客数が九〇〜九九となった温泉地が一三ヵ所（熱海・白浜など）、八〇〜八九は一八ヵ所（鳴子・皆生など）、七〇〜七九は二一ヵ所（三朝・伊香保など）、六九〜六〇は一五ヵ所（和倉《わくら》・塩原）、六〇未満が七ヵ所（水上《みなかみ》・登別）で、七割強の温泉地で宿泊客数が減少していた（『温泉』八二巻三号、二〇一四年）。九〇年代に一〇〇万人を超えていた多くの温泉地では、温泉地間の競争激化や不況の影響で宿泊者数が急減していたのである。実際、那智勝浦《なちかつうら》（九五年一一一万人→〇五年九六万人→一〇年六九万人）・塩原温泉郷（一一八万人→九一万人→八四万人）・水上（一三〇万人→七三万人→五八万人）といった温泉地では、二〇〇〇年代後半にも宿泊客数が急減していた。リーマンショック後の〇九年から約二年間、「休日高速道路一〇〇〇円乗り放題」の政策が実施されていたものの、延べ宿泊客数の減少傾向を止めることは難しかった。宿泊者数の減少は、バブル経済が崩壊する九〇年代だけでなく、二〇〇〇年代後半にも深刻化していたのである。

また、二〇〇四年の新潟県中越地震、〇七年の能登半島地震・新潟県中越沖地震、〇八年の岩手・宮城内陸地震など、二〇〇〇年代には各地で地震災害も頻発した。こうした地震によって、被災地の温泉地は物的被害だけでなく風評被害も招いた。岩手県では〇七年二七八万人であった宿泊利用人員は翌年には二二四万人に、同様に秋田県も二一九万人から一七八万人に急減した。二〇〇〇年代後半は、こうした災害や景気悪化といった要因で利用客数の減少を多くの地域で招いた。

一方、宿泊客数を維持した温泉地（数値が一〇〇以上）は二一ヵ所で、石和（二〇〇〇年一一〇万人→一〇年一一九万人）、箱根（四四六万人→四六五万人）などがあげられる。それでも微増にとどまり、二〇〇〇年代末期の温泉地の厳しい状況がうかがえる。

また、一九九〇年代から二〇〇〇年代前半に宿泊客数が増加した温泉地でも、二〇〇〇年代後半に宿泊客が減少する温泉地も多く、例えば、大分県の由布院は、九五年七一万人から〇五年九二万人に急増したものの、一〇年には六五万人に減少した。九二年に温泉が湧出し、温泉郷が形成された新興の山梨県河口湖《かわぐちこ》温泉でも〇五年に七〇万人を記録したのち、一〇年に五七万人にまで減少した。

2000年（平成12年）		
順位	温泉地	宿泊者数
1	箱根温泉郷	446
2	別府	402
3	熱海温泉郷	286
4	鬼怒川・川治	270
5	伊東	192
6	草津	187
7	白浜	185
8	那須温泉郷	153
9	登別	144
10	伊香保	136
11	湯川	127
12	下呂	120
13	東伊豆町温泉郷	119
14	塩原温泉郷	113
15	山代・別所新加賀	111
16	和倉	111
17	石和・春日居	110
18	定山渓	110
19	飯坂・穴原	106
20	那智勝浦	104
合　計		3,532

2005年（平成17年）		
順位	温泉地	宿泊者数
1	箱根温泉郷	430
2	別府	400
3	熱海	395
4	伊東	273
5	鬼怒川・川治	195
6	草津	192
7	白浜	169
8	定山渓	143
9	石和・春日居	132
10	那須温泉郷	131
11	湯川	128
12	登別	126
13	有馬	126
14	伊香保	111
15	下呂	108
合　計		3,059

2010年（平成22年）		
順位	温泉地	宿泊者数
1	箱根温泉郷	465
2	熱海温泉郷	289
3	別府温泉郷	258
4	伊東	251
5	草津	177
6	鬼怒川・川治	176
7	白浜	174
8	層雲峡	148
9	石和・春日居	119
10	那須温泉郷	116
11	湯川	102
12	伊香保	101
13	東伊豆温泉郷	101
合　計		2,477

5号，2013年.

表８　100万人以上の宿泊者数の温泉地（単位：万人）

1990年（平成２年）			1995年（平成７年）		
順位	温泉地	宿泊者数	順位	温泉地	宿泊者数
1	箱根温泉郷	479	1	箱根温泉郷	513
2	別府温泉郷	452	2	別府温泉郷	410
3	熱海温泉郷	327	3	鬼怒川・川治	308
4	鬼怒川・川治	310	4	熱海温泉郷	258
5	伊東	240	5	伊東	211
6	白浜	221	6	白浜	200
7	東伊豆町温泉郷	206	7	草津	179
8	草津	182	8	伊香保	176
9	石和・春日居	172	9	湯川	173
10	下呂	169	10	下呂	161
11	伊香保	167	11	石和・春日居	157
12	山代・別所新加賀	159	12	那須温泉郷	153
13	水上	154	13	山代・別所新加賀	146
14	和倉	151	14	登別	134
15	湯河原	144	15	湯河原	134
16	飯坂・穴原	143	16	水上温泉郷	130
17	湯川	139	17	和倉	127
18	那須温泉郷	138	18	東伊豆町温泉郷	123
19	登別	137	19	定山渓	120
20	雲仙・小浜	130	20	飯坂・穴原	120
21	塩原温泉郷	124	21	指宿	119
22	定山渓	120	22	塩原温泉郷	118
23	道後	112	23	那智勝浦	111
24	鳴子	112	24	層雲峡	109
25	有馬	110	25	雲仙・小浜	107
26	赤倉・湯ノ平・妙高	107	26	道後	107
27	芦原	105	27	芦原	101
	合　計	5,010		合　計	4,705

出典：「温泉地宿泊者数ベスト100」『温泉』第77巻１号，2009年，『温泉』第81巻

ランキング上位の顔ぶれは一九七〇年代と大きな変わりがなかったものの、バブル経済とその崩壊を経験するなかで、その後の動向は大きく異なっていた。地域おこしが成功した草津は宿泊客数を増加させ、また別府でも減少は軽度であった。対して、寮・保養所が激減した熱海や、足利銀行破綻の影響を受けた鬼怒川温泉は宿泊客数が減っていた。温泉地の宿泊客数の動向は、それぞれの時期の旅行者ニーズへの対応に加え景気変動が大きく影響し、その動向も異なったものになった。

大都市で温泉を楽しむ

宿泊を伴った温泉旅行は二〇〇〇年代に厳しい状況に陥った一方で、特に都市中心部において日帰りで温泉を楽しむことが広く普及するようになった。一九九〇年代後半に全国で五〇〇〇軒程度であった温泉を利用した公衆浴場数は、〇三年には七〇〇〇軒を超えた。全国各地で日帰り温泉施設が増加するなか、〇三年に東京都内に象徴的な施設が登場した。お台場に「大江戸温泉物語」、後楽園《こうらくえん》に「スパラクーア」、練馬《ねりま》区の豊島園《としまえん》に隣接した「豊島園庭の湯」が誕生した。いずれの施設も天然温泉を売り物とした施設であり、それぞれが異なるコンセプトで運営された。観光客需要が見込めるお台場「大江戸温泉物語」は、江戸情緒を有した湯屋やレトロな空間、浴衣による演出で、「温泉のテーマパーク」という観光レジャー施設の性格を打ち出した。「スパラクーア」は都心で働く二五〜三五歳の女性をターゲットに、「癒し」をテーマとした。「豊島園庭の湯」は住宅街に立地したなかで健康づくりの地域密着型の施設であった（『レジャー産業資料』三七巻八号、二〇〇四年）。このように都内をはじめ大都市中心部でも温泉開発が盛んになり、温泉を備えたビジネスホテルやマンションなどが建設された。また、源泉を温泉地から直送して温泉施設を運営する企業も登場した。東京や神奈川で温浴施設を運営している万葉倶楽部は、湯河原や熱海から源泉を専用タンクローリーで配送している。

郊外を含め都市部での日帰り温泉施設が発展したことで、宿泊を前提とした温泉の楽しみ方は大きく変わった。戦前期から都市周辺で展開した温泉利用施設が都市中心部に進出し、都市にいながら気軽に温泉を楽しめるようになったのである。

温泉偽装問題

温泉地の不況に追い打ちをかけた事件が二〇〇四年の温泉偽装問題であった。週刊誌において、入浴剤を使用した温泉地や水道水を温泉と偽装した事例などがスクープされ、多くの人々が「温泉」の表示に強い疑念を持つようになった。二〇〇〇年代初頭は、食品の偽装表示もクローズアップされており、温泉偽装も消費者被害として社会問題となったのである。週刊誌の記事をきっかけにして全国の温泉地では「温泉」表示の確認が行われ、水道水・井戸水の使用、温泉法違反、温泉ではないのに入湯税を徴収するなど、悪質な事例も明らかになった。

こうした「温泉」そのものへの強い関心は、加水や加温を含めた源泉の利用状況などの情報公開を促すこととなった。

インターネットの登場

不況の一方で、二〇〇〇年代以降、温泉旅行に欠かせない存在となったのはインターネットであった。

それまでホテルや旅館の宣伝にはテレビや雑誌が重要な役割を担っていた。東京圏では前述したハトヤホテル（系列のサンハトヤも）のほか、千葉県勝浦のホテル三日月、飯坂温泉ホテル聚楽、岡部ホテルグループのホテルニュー塩原といった、ホテル・旅館のＣＭが流されていた。またテレビ番組でも、一九七〇年代から多くの旅番組が放送されていた（初期からある旅番組として、日本テレビ系列の「遠くへ行きたい」やテレビ東京系列の「いい旅・夢気分」など）。人々はこうしたテレビの情報に加え、雑誌やガイドブックの情報を手掛かりに温泉旅行を計画していた。その際、旅行会社が発行する各種パンフレットも人々が温泉地やホテル・旅館を調べるうえで重要な素材であった。

インターネットの登場は、人々が温泉地やホテル・旅館の情報を直接手に入れるだけでなく、温泉地からの手軽な情報発信も可能とした。さらに、宿泊予約サイトを介して、宿泊者と施設をダイレクトに結びつけた。それまでホテル・旅館と大都市の消費者とを直接つなぐものは少なく、旅館自らが営業所を設けるという手段が用いられていた。九〇年代終わりから始まったインターネットによる宿泊予約サイトは、一九九六年にホテルの窓口（のちに楽天トラベルと合併）、二〇〇〇年に一休、〇一年に楽天トラベルが登場し、今日の旅行において欠かせない存在となった。ただ、ホテル・旅館は、これまでのように宣伝や宿泊者確保を旅行会社に任せるのではなく、一層の経営努力が不可欠となったのである。

一方、温泉旅行を楽しむ側（消費者側）でもインターネットを利用して、自らの温泉旅行での体験をブログやホームページの形で発信することが可能になった。先述したように、二〇世紀まで、温泉旅行の体験は旅行雑誌や書籍といった媒体で発信するほかなかった。しかし、今日ではインターネットを利用して、温泉旅行の体験・経験を写真や最近では動画をまじえ、誰もが発信できるようになった。加えて、旅行の感想や温泉地の印象など具体的な旅行先の情報を、不特定多数の人々に伝えることも可能となった。今日では、そうしたインターネット上での情報は「口コミ」として、旅行・宿泊先の選定に大きく影響する存在ともなっている。「口コミ」から旅行の情報を得ることが一般的となったように、インターネットの普及で情報発信・受信のそれぞれが大きく加速したのである。

再生する温泉旅館

温泉地には長期のデフレで廃業したホテル・旅館が残された。そうしたホテル・旅館の施設を買収し、新たに低価格で提供する企業が登場した。先に紹介した大江戸温泉物語や万葉倶楽部が温泉地のホテル・旅館の経営に進出したほか、伊豆を中心に巨大ホテルを買収し一泊二食で八〇〇〇円前後の低価格帯で売りだした伊東園ホテルグループや関西で展開する湯快グループなど、多くの企業が温泉旅館の再生に乗りだした。それぞれのホテル・旅館は、豪華バイキングや大都市からの直行バスの運行といった様々な工夫を行い、一泊二食で一万〜一万五〇〇〇円程度の価格で提供するなど、安価な温泉旅行の普及を支える存在となった。実際、この時期の温泉旅行の費用は、一万〜一万五〇〇〇円程度をかける層が多かった。二〇一五年にインターネット上で行われたアンケート（二〇〜六〇代の男女二二〇〇人のアンケート）でも、温泉旅行一回毎の一人当たりの平均費用で一万〜一万五〇〇〇円未満が二八％、一万五〇〇〇〜二万円未満が二〇％と、一万五〇〇〇円を前後とした費用が中心であった。一方で二万円以上は全体の約二割、三万円以上は一割程度であった（三冬社『余暇・レジャー&観光総合統計二〇一八―二〇一九』）。

加えて、星野リゾートやオリックスホテル&リゾーツなど、経営難に陥った各地の高級ホテル・旅館を買収し、リニューアルのうえ新たなブランドとして再出発させる企業も登場した。

バブル崩壊後、苦境に陥った温泉地ではあるが、住民とともに模索された「地域おこし」、インターネットを使った宣伝・集客に加え、各企業によるホテル・旅館の再生など、時代に対応した新たな形で温泉地の活気が戻ったのである。

訪日旅行客の増加

二〇〇〇年代、停滞していた国内における旅行客数は、一〇年代以降増加傾向を示すようになった。実際、国内延宿泊者数は一二年の約四億四〇〇〇万人から一八年には約五億一〇〇〇万人へと増加した。一二年に二六三一万人であった訪日旅行客の延宿泊者数は、一八年に八八五九万人へと急増するなど、この間増加した延宿泊者数は訪日旅行客が多くを占めていたのである（訪日旅行客数は一二年八三五万人から一八年三一一九万人と増加している）。一方で、この間の日本人の旅行客数は約四億三〇〇〇万人から約四億五〇〇〇万人で推移している（日本旅行業協会、二〇一九）。一〇年代以降の観光地や温泉地の盛衰は、訪日旅行客の動向に左右されるようになったのである。訪日旅行客の獲得が観光地や温泉地の発展に不可欠となり、温泉地でも訪日旅行客を取り込むための施策が展開された。

訪日旅行客の八〇％はアジアからの旅行者で、以前は団体旅行で温泉地を訪れるケースも多かったが、近年は個人あるいは家族・友人との小グループで訪れることも増えてきている。実際、訪日旅行客へのアンケート調査では、訪日前後の関心の変化において「温泉入浴」は三九％と関心が高いだけでなく、次回実施したいことでは四三％と割合が増加した（日本食を食べることは九六％、ショッピングは八九％）。日本を訪れることで、より温泉に興味を持つようになったことがうかがわれる（『温泉』二〇一八年冬号）。各地の温泉地では、増加する訪日旅行客への様々な対応として、大浴場での入浴作法を外国語に訳しパンフレットとして配布する試みなども行われている。

二〇一〇年代の温泉地の盛衰

二〇〇〇年代後半に落ち込んだ温泉地の延宿泊利用人員数は、一一年におきた東日本大震災の影響で、温泉地が多い東北地方や北関東が被災したこともあり容易には回復しなかった。一億三〇〇〇万人台を回復するのは一五年以降で、その後も一八年にかけて一億三〇〇〇万人台を推移した（環境省HP「温泉利用状況」各年度）。この間、温泉地数は〇九年の三一七〇ヵ所から一八年の二九七一ヵ所、宿泊施設数も一万四〇〇〇軒程度から一万三〇〇〇軒程度に減少していた。

また、二〇一〇年代も各地で地震や噴火などの災害が頻発した。一一年の東日本大震災や一六年の熊本地震などに加え、鹿児島県の新燃岳《しんもえだけ》、箱根の大涌谷《おおわくだに》、熊本の阿蘇山《あそさん》といった火山噴火の影響などで、宿泊客数の減少に悩まされた。

この間、日本全体の温泉地の延宿泊人員は伸び悩みをみせていたものの、各温泉地では様々な変化が生じていた。バブル崩壊後停滞していた温泉地が、二〇一〇年代後半には復活の兆しがみられるようになった。例えば、熱海温泉は一二年を底にして、観光客・宿泊客数がV字回復をとげた。首都圏に近い地の利をいかすとともに、熱海市の広報戦略によってテレビ番組のロケが急増しメディアに登場する回数が増加した。こうした宣伝効果に加え、前述した旅館再生によって生まれ変わったホテル・旅館に宿泊客が戻った。安価なホテル・旅館が活況となる一方で、小規模の高級温泉旅館も登場した。熱海だけでなく、箱根・伊豆では一泊数万円以上の高級温泉宿が数多くオープンし、そこでは客室内露天風呂の設置など設備面での充実もはかられた。様々な価格帯で温泉が楽しまれ、費用面での二極化が進展したのである。

こうした既存の温泉地だけでなく、著名な観光地にも日帰り温泉施設が建設されるようになった。例えば、秩父《ちちぶ》や高尾山《たかおさん》などそれまで温泉との関わりが薄かった地域でも、集客効果が高い日帰り温泉施設がつくられている。

二〇一〇年代後半はインバウンドに加え、それぞれの温泉地では集客をめぐっての差別化が激化した。消費者ニーズが多様化するなか、温泉地はその対応に追われるとともに一層の創意工夫が求められた。そして、各地域・各宿泊施設が経営努力を重ねていたなか、コロナ禍に襲われたのである。

コロナ禍、そしてこれから——エピローグ

コロナ感染症の影響

二〇一〇年代後半、国内における旅行客数が増加し、「観光立国」実現へ向けて様々な施策が取り組まれた。そのなかで生じたのが、新型コロナ感染症の流行であった。では、コロナ感染症の流行が温泉地にどのような影響を与えたのであろうか。コロナ禍における温泉地の実状を紹介していこう。

新型コロナ感染症がニュースや新聞の見出しにあがったのは、二〇二〇年二月初旬であった。この直前一九年度の国内における旅行者数は、延宿泊客数が五億九六〇〇万人、内訪日旅行客による宿泊客数が一億一五六六万人を占めた（訪日旅行客数も三一〇〇万人を超えた）。訪日旅行客数やその宿泊者数は、一五年時と比較して倍増していたのである（日本旅行業協会、二〇二一）。しかし、コロナ禍に見舞われた二〇年度の国内における延宿泊

客数は三億四八〇万人、訪日旅行客による宿泊者数も一八〇〇万人程度にとどまった。

温泉地の延宿泊利用人員数は、一九年度一億二六〇〇万人から二〇年度には七六五九万人へ減少した。それまでの六割程度となった延宿泊利用人員数は、緊急事態宣言の発令など感染症の拡大防止の施策に大きく影響を受けていた。実際、コロナ感染症が流行の兆しをみせ始めた二〇年三月以降、海外からの訪日旅行者の制限が始まり、四月には緊急事態宣言が発令され人々の移動が制限された。約二ヵ月間に及んだ緊急事態宣言は、人々が「旅行する」ことを困難にするとともに、温泉地の多くのホテル・旅館は休業を余儀なくされた。

緊急事態宣言下において、温泉地はどのような対応を迫られていたのであろうか。

温泉地の取り組み

二〇二〇年二月下旬には宿泊予約のキャンセルが増加し、三月初旬には温泉地の施設の休業・休館が拡大した。四月七日の七都府県での緊急事態宣言後、全国に宣言が拡大してから解除される五月下旬まで二ヵ月近く、多くのホテル・旅館が休業したのである。宣言解除後も県境をまたがる移動が限定的であったため、多くの旅館は営業を土日祝日のみに限るといった対応をせざるをえず、段階的な営業再開にとどまった。二〇年六月に日本温泉地域学会によって行われたホテル・旅館への緊急アンケート調査では、コロナ感染症の流行がいつまで続くのか先行き不透明ななかで、ホテル・旅館がコロナ感染症への対応に苦悩していたことがうかがえる。例えば、感染対策では来客の制限、消毒・換気の徹底、ビュッフェ方式からセットメニューへの食事提供の変更、宿泊客へのマスク着用要請など多岐に及んでいた。そして休業中、宿泊施設の多くは国や自治体の支援策（雇用調整助成金・事業持続化給付金など）によって経営を維持させていた。それでも、宣言解除後の客足の回復を期待する声も多く、「これから」の温泉地を見据えようとしていたのである（『温泉地域研究』第三五号、二〇二〇年）。

厳しい状況下でも、少しでも温泉地を盛んにするための施策としてワーケーションが注目された。ワーケーションとは、観光地や温泉地などで余暇を楽しみながら仕事をする形態で、新たな旅行や仕事のスタイルとされている。コロナ禍において働き方は大きく変化し、リモートワークが普及した。職場に出勤せず、どこにいても（家や外出先でも）仕事をすることが可能になったのである。働き方の変化が温泉地での滞在方法にも影響を与え、このワーケーションの可能性が各地で模索されるようになった。Ｗｉ－Ｆｉの整備や会議室の用意などホテル・旅館の対応のほか、温泉地の自治体やそれらを利用する企業との連携の重要性が指摘されている（『温泉』第八八巻四号、二〇二〇年）。ワーケーションの普及は、温泉地の滞在をこれまでのような観光行楽目的の一、二泊の短期滞在から変化させるきっかけとも考えられ、この施策を取り組んでいる自治体間の協議会も設立されるなど、各地に広がりをみせている。

コロナ禍での温泉地の動向

では、コロナ禍において、温泉地にはどのくらいの旅行者が訪れたのだろうか。

表9は、二〇一九年と二〇年の熱海《あたみ》市と一九～二二年の草津《くさつ》町《まち》の宿泊客数の推移をまとめたものである。二〇年二月に顕在化したコロナ感染症の影響で、三月には両温泉地の宿泊客数は減少した。予約客のキャンセルなどが増加しつつあったことが伝えられるように、熱海では一九年三月に約三一万人であった宿泊客数が二〇年三月には約一九万人へ。草津でも一九年三月に約二一万人であった宿泊客数が二〇年三月には約一八万人に減っている。特に草津は、一八年一一月～二〇年二月まで一六ヵ月連続で前年同月の宿泊客数を上回るなど、インバウンドの増

草津町

2022年	20年/19年	21年/19年	22年/19年
160,139	104.5%	38.2%	90.5%
137,932	103.7%	39.0%	81.0%
173,483	89.4%	61.7%	84.3%
194,473	15.5%	51.6%	101.7%
185,464	9.2%	30.6%	100.5%
138,660	44.6%	48.2%	81.0%
173,649	79.2%	80.1%	97.0%
185,747	64.4%	57.5%	88.2%
166,066	74.0%	51.9%	90.3%
182,852	98.7%	70.8%	105.1%
187,206	99.5%	89.8%	99.6%
185,896	74.0%	81.6%	86.0%
2,071,567	71.1%	58.9%	92.0%

表9　熱海市・草津町における宿泊客数の推移

月	熱海市					
	2019年	2020年	20年/19年	2019年	2020年	2021年
1月	239,134	253,768	106.1%	176,929	184,901	67,582
2月	241,127	230,499	95.6%	170,383	176,700	66,371
3月	310,300	189,986	61.2%	205,858	184,024	127,013
4月	246,256	33,248	13.5%	191,177	29,661	98,667
5月	243,023	25,859	10.6%	184,604	16,971	56,521
6月	223,606	60,150	26.9%	171,227	76,332	82,515
7月	256,207	119,921	46.8%	179,077	141,787	143,426
8月	372,614	214,351	57.5%	210,613	135,546	121,124
9月	236,296	159,099	67.3%	183,850	136,074	95,452
10月	215,017	178,277	82.9%	173,915	171,610	123,106
11月	264,603	210,056	79.4%	187,930	186,968	168,775
12月	270,925	181,670	67.1%	216,114	159,892	176,288
合計	3,119,108	1,856,884	59.5%	2,251,677	1,600,466	1,326,840

出典：熱海市・草津町 HP より作成.

加を背景に宿泊客数が急増していた。コロナ感染症はこうした温泉地の発展に水を差したのである。

二〇二〇年四~五月に出された緊急事態宣言によって、熱海・草津の両温泉地の宿泊客数は激減し、五月には前年比九〇%減を記録した。その後、コロナ感染症の流行が落ち着きをみせ、二〇年夏以降、旅行需要の回復を狙ったGOTOトラベルキャンペーンが実施された。ただこの施策が実行されたものの、旅行需要の回復は限定的で七~八月の夏休み期間中でも前年の七割程度の回復に留まった。東京都から発着する旅行にGOTOトラベル事業の適用が再開された一〇月以降、温泉地を訪れる旅行客が増加した。再び感染が拡大する一二月の終わりにキャンペーンが停止されるまでの間、多くの人々が温泉地を訪れ、草津では前年に匹敵する宿泊客数を記録した。半年以上も温泉旅行を制限され、また支援金として多額の補助を使用でき、感染者数も小康している状況において、遠出を我慢してきた人々は旅行を楽しんだのである。特に宿泊料金に一定の補助がなされたため、宿泊料が高額なホテル・旅館の利用が促進され、高級旅館を中心にかつてない活況をもたらした。

二〇二〇年秋に多くの旅行客で観光地・温泉地は賑わったものの、再びコロナ感染症が流行したため旅行需要の回復は一時的であった。その後、コロナ感染症が流行するたびに（二二年度中までに計八回のピーク）緊急事態宣言やまん延防止等重点措置など様々な対策がなされ、旅行や移動は制限と緩和を繰り返すこととなった。

二〇二一年以降は感染が流行するなかでも経済活動は継続された。ただ、表9で確認できるように、二一年の草津の宿泊客数は、感染の再流行や旅行支援の施策が限定的であったこともあり二〇年の水準を下回り、一九年の六割程度の宿泊客数に留まった。それでも二二年夏には全国旅行支援の施策が登場し、ＧＯＴＯトラベルキャンペーン同様、旅行需要を喚起した。そうした施策の影響から宿泊客数は増加し、一九年の水準に迫った。

温泉旅行の現在

二〇二三年初頭、コロナ感染症の流行が落ち着きをみせるなか、海外からの入国制限が解除され、インバウンドによる訪日旅行者の増加が期待されるようになった。人々が「旅行する」環境が整うとともに、温泉地・観光地を訪れる旅行者が増加し賑わいをとり戻し始めた。コロナ禍の三年間、旅行を制限されていた人々は、旅行することの重要性を再確認しながら、再び温泉地を訪れるようになったのである。

ただ、コロナ禍を経験した温泉地には様々な問題が残されている。例えば、温泉地の人口減少や高齢化問題、コロナ禍で減少していたホテル・旅館の従業員が戻らず労働力不足が深刻化していることなどがあげられるだろう。温泉旅行の需要が増加するなかで、宿泊客を受け入れることができない事態が生じている。

一方で、都市部の日帰り温泉施設に加え、近年、新設されるビジネスホテル（先に紹介したドーミーインのほか、スーパーホテル・アパホテルなど）には温泉を利用した大浴場を設けるホテルが増えている。歴史ある温泉地の多くが二〇〇〇年代以降厳しい状況下にあり続ける一方、こうした新たな場での温泉利用が拡大している。

このように人々が温泉を楽しむ場は、歴史ある温泉地から新興の温泉地、都市中心部の日帰り温泉施設やビジネスホテルへと様々に展開している。加えて、温泉地の滞在目的も、療養が主であったものが、観光行楽に加えビジネス利用にまで広がった。時間や費用についても、一、二泊の旅行が必要であった高度経済成長期と異なり、近場で宿泊をせずに温泉を楽しむことが可能となった。人々と温泉との関係は、かつてないほど多様な選択肢が開かれ、身近なものとなっているのである。

これからの温泉旅行

以上、温泉旅行の様相を近世期から現在に至るまで振り返ってきた。その歴史は、特に都市との関係を中心として、あらゆる面で人々と温泉との距離を縮め、大衆化を進めてきた歩みといえるであろう。それらは、人々の生活水準の向上に加え、技術革新（輸送・情報など）、ホテル・旅館をはじめとした温泉提供側の様々な施策によって支えられてきた。

本書でみてきたように、「療養」の目的が中心であった温泉利用は、近代以降、余暇活動の一つとして観光・レジャーでの利用へと拡大した。そこでは、居住地から移動し他所で宿泊を伴う旅行の目的地として温泉地が定着してきた。そして現在、日帰り温泉施設や自宅への温泉デリバリーに加えて、都市部のビジネスホテルでの温泉利用などの環境が整えられ、温泉地に宿泊しなくても温泉を楽しむことができる時代となったのである。

では、わざわざ時間・費用をかけて遠くの温泉地に赴く温泉旅行は、今後どうなっていくのであろうか。旅行は、様々な事柄を経験することで「五感」を刺激し感覚を研ぎ澄ますことができる機会でもある。温泉に入浴する行為においても、湯の肌触りといった感触だけでなく、浴場の雰囲気やにおいを視覚や嗅覚で感じ取ることができる。加えて、本書で紹介してきたように、温泉地には古くからの歴史・文化に加え、自然環境・郷土料理といった有形・無形の財産がある。実際に温泉地を訪れることで、温泉利用を通じた療養の効果だけでなく、日常とは異なる場面で「五感」を刺激する体験が可能なのである（景観や街並みといった視覚に関わるものだけでなく、味わいや湯けむり情緒や温泉のにおいなど）。私たちは、コロナ禍によって移動が制限された間、実際の温泉地を訪れることで日々のストレスを「癒し」、また生活を豊かにすることの重要性を再認識している。そして温泉地の賑わいが戻りつつある現状も、その証査といえるだろう。これからも時代によって温泉地に求めるニーズは変化し続けるとともに、温泉を身近に利用できる環境が整えられていく。それでも、宿泊を伴う温泉旅行は今後も我々の生活に不可欠な存在であり続けるだろう。

あとがき

二〇二三年夏、コロナ禍を経験した温泉地には、旅行客が戻り始めている。実際、熱海駅に降り立つと、多くの利用客で駅前がにぎわっている様子がうかがえる。年配者のグループ客が多いなかで、目につくのは若い女性や大学サークルのグループ客といった若年層である。温泉地の商店街には、SNSで「映える」スイーツやご当地グルメを買い求める若者らが列をなす姿がみられる。

熱海のように現在活況な温泉地には、多くの若者が訪れている。こうしたミレニアム世代（一九八九〜九五年生まれ）やその下のZ世代（一九九六〜二〇〇七年生まれ）の若者らは、SNSをうまく活用している。食べたものや温泉地の情景など、旅行中の様々な事柄を投稿するとともに、そこから旅先の情報も得ている。若者の旅行離れが懸念されているなかでも、若者が「地域の温泉を楽しむ観光」旅行を求める割合が高いという調査も存在する（日本観光振興協会『観光の実態と志向』二〇二二年）。

本書でみてきたように、限られた人々にしか経験できなかった温泉旅行は、様々な形態を利用し、また費用が低下するなかで大衆化を実現した。そして、多くの人々の余暇の一つとして温泉旅行は位置づけられた。今では年配者から若者まで幅広い年齢層の人々が温泉地を訪れるようになり、温泉旅行は身近な存在になった。ただ、グルメや名所といった点に多くの利用客の関心が向けられているのも事実である。

本書では、人々が温泉地にどのような魅力を感じてきたのか、利用者側の視点にたってその歴史的過程を明らかにしてきた。レジャーを楽しむ場の一つとして温泉地が選ばれ、その後レジャーの楽しみ方が多様化することで温泉旅行のありようが変化し、利用客数も頭打ちとなっている現状を紹介した。日帰り温泉施設なども増え、温泉利用が身近になった今だからこそ、温泉地が有する歴史や文化について、もっと関心を持たれる必要があるだろう。もちろん、グルメや名所も重要な要素でもあるが、流行り廃りが激しいことからも、持続的な温泉地の発展には、温泉地自体の魅力に気付いてもらうことが不可欠なのである。

筆者も温泉地の歴史研究に関わるなかで、今後も歴史・文化の継承に尽力していきたい。本書が、そうした点で何らかの役に立つことがあれば望外の喜びである。

本書の執筆にあたっては、多くの先行研究から学ばせていただいた。また、「大衆化する温泉旅行」の章の史料引用については古畑侑亮さんにお世話になるとともに、貴重なコメントをいただいたことをここで御礼申し上げたい。

筆者は、温泉地の資源管理をテーマに、主に温泉地側の視点で研究を続けてきた。これまで温泉地を訪れる利用者については漠然としたイメージを持っていたに過ぎなかったが、温泉旅行をテーマとした執筆の機会をいただき、温泉地を選び訪れる側の視点から考察することで、温泉地を見る目が変わった。温泉は単に旅行先で入浴する対象というだけでなく、私たちの生きる場において不可欠な資源であるとともに、その社会的存在の大きさについて実感することができた。こうした場を提供していただいた吉川弘文館編集部の大熊啓太さんに感謝したい。

二〇二三年八月

高柳友彦

参考文献

赤井正二『旅行のモダニズム』ナカニシヤ出版、二〇一六年
阿岸祐幸編集代表『温泉の百科事典』丸善出版、二〇一二年
熱海市『熱海温泉誌―市制施行八〇周年記念―』二〇一七年
熱海市史編纂委員会編『熱海市史 上巻・下巻』一九六七・六八年
有馬興業株式会社『有馬興業二十五年のあゆみ』一九八六年
イザベラ・バード『イザベラ・バードの日本紀行 上』講談社、二〇〇八年
板坂耀子『江戸温泉紀行』平凡社、一九八七年
石川理夫「温泉開発はまちづくりに活かされたのか」『月刊自治研』五八一号、二〇〇八年
石川理夫『温泉の平和と戦争』彩流社、二〇一五年
石川理夫『温泉の日本史』中央公論新社、二〇一八年
内田　彩「温泉情報の流通からみる江戸後期の『湯治』の変容に関する研究」『観光研究』二三巻一号、二〇一一年
オールコック『大君の都 上―幕末日本滞在記―』岩波書店、一九六二年
大分大学観光研究会編『観光温泉都市の経済的考察』一九五三年
大鰐町『大鰐町史 中巻』一九九五年

荻田　保『地方財政』圭文館、一九四九年
皆生温泉観光株式会社『五十年のあゆみ』一九七四年
上山市編『上山市史　中巻』一九八四年
金森敦子『伊勢詣と江戸の旅―道中日記に見る旅の値段―』文藝春秋、二〇〇四年
開高　健『日本人の遊び場』朝日新聞社、一九六三年
草津温泉誌編さん委員会編『草津温泉誌　第一巻』一九七六年
群馬県史編さん委員会『編群馬県史　通史編六（近世三、生活・文化）』一九九二年
経済企画庁編『経済白書』大蔵省印刷局、一九六一年
健康と温泉 forum 実行委員会『温泉と現代社会―健康と温泉 forum'86－道後記念誌―』一九八六年
木暮金太夫『錦絵にみる日本の温泉』国書刊行会、二〇〇三年
高　媛「戦争とツーリズム」劉建輝・石川肇編『戦時下の大衆文化―統制・拡張・東アジア―』KADOKAWA、二〇二二年
小林啓善『枯淡なる人間像』野田経済社、一九六三年
後楽園スタヂアム社史編纂委員会編『後楽園スタヂアム五〇年史』一九九〇年
小堀貴亮・山村順次「別府市鉄輪温泉における湯治場の地域変容」日本温泉地域学会『温泉地域研究』二、二〇〇四年
柴桂子『近世の女旅日記事典』東京堂出版、二〇〇五年
白幡洋三郎『旅行ノススメ―昭和が生んだ庶民の「新文化」―』中央公論社、一九九六年

下村彰男『わが国における温泉地の空間構成に関する研究』東京大学博士論文、一九九三年
週刊朝日編『値段史年表―明治・大正・昭和―』朝日新聞社、一九八八年
鈴木則子「幕末沼津藩における湯治の諸相」日本温泉文化研究会編『湯治の文化誌』岩田書院、二〇一〇年
生活情報センター編『ニッポン人の買い物データブック 二〇〇三』二〇〇三年
関戸明子『近代ツーリズムと温泉（叢書・地球発見）』ナカニシヤ出版、二〇〇七年
曽山 毅『植民地台湾と近代ツーリズム』青弓社、二〇〇三年
高柳友彦「温泉観光地の形成と発展」地方史研究協議会編『東西交流の地域史―列島の境目・静岡―』雄山閣、二〇〇七年
高柳友彦「温泉観光地の発展と地域変容―伊豆半島を事例に―」静岡県近代史研究会編『時代と格闘する人々』羽衣出版、二〇一五年
高柳友彦『温泉の経済史―近代日本の資源管理と地域経済―』東京大学出版会、二〇二一年
高橋陽一『近世旅行史の研究―信仰・観光の旅と旅先地域・温泉―』清文堂、二〇一六年
田山花袋『満鮮の行楽』大阪屋号書店、一九二四年
つげ義春『つげ義春の温泉』筑摩書房、二〇一二年
辻本清蔵『摂北温泉誌 附 三田、伊丹、池田、名勝』大阪活版印刷所、一九一五年
東京急行電鉄株式会社『国内観光行楽客数の推定について（その3）』一九六三年
「道後温泉」編集委員会『道後温泉』、一九八二年

長島観光開発株式会社編『目で見る長島温泉の三〇年』一九九四年
中山昭則「別府温泉郷における地獄の観光施設と地獄組合」『温泉地域研究』五号、二〇〇五年
中西　聡『旅文化と物流—近代日本の輸送体系と空間認識—』日本経済評論社、二〇一六年
中西聡・二谷智子『近代日本の消費と生活世界』吉川弘文館、二〇一八年
日本交通公社『旅館案内　九州編』一九四七年
日本交通公社『五十年史　一九一二—一九六二』一九六二年
日本交通公社『ドライブ旅行の実態〈第一回〉』一九六九年
日本交通公社『観光の現状と課題』一九七九年
日本交通公社『日本交通公社七十年史』一九八二年
日本温泉協会編『日本温泉大鑑』博文館　一九四一年
日本観光協会『観光の実態と志向　第三・一九回』一九六九・二〇〇〇年
日本旅行業協会『数字が語る旅行業』二〇〇六・一九・二一年
箱根温泉旅館協同組合編『箱根温泉史—七湯から十九湯へ—』一九八六年
阪神急行電鉄株式会社編『阪神急行電鉄二十五年史』一九三二年
古畑侑亮『コレクションと歴史意識—一九世紀日本のメディア受容と「好古家」のまなざし—』勉誠出版、二〇二四年予定
三和良一・原朗『近現代日本経済史要覧』東京大学出版会、二〇一〇年
三和良一・三和元『概説日本経済史　近現代〈第四版〉』東京大学出版会、二〇二一年

森　彰英『「ディスカバージャパン」の時代』交通新聞社、二〇〇七年
森永卓郎監修、甲賀忠一・制作部委員会編『物価の文化史事典』展望社、二〇〇八年
森　正人『昭和旅行誌―雑誌『旅』を読む―』中央公論新社、二〇一〇年
矢野恒太記念会編『数字でみる日本の一〇〇年（改訂第七版）』二〇二〇年
山川正作編『船橋ヘルスセンター年表』一九八六年
山村順次「アンケートから見た八三年の温泉地」『温泉』五一巻一〇号、一九八三年
山村順次『新版　日本の温泉地―その発達・現状とあり方―』日本温泉協会、一九九八年
山村順次・小堀貴亮「東京周辺における日帰り温泉地の地域的展開」『観光研究』一二巻一号、二〇〇〇年
山村順次「日本における湯治場の変容と地域振興」『温泉地域研究』一号、二〇〇三年
山本俊一『日本コレラ史』東京大学出版会、一九八二年
山本英二「自然環境と産業―近世の温泉―」井上勲編『日本史の環境』吉川弘文館、二〇〇四年
山本志乃「新婚旅行とアンノン族―戦後における若い女性の旅をめぐって―」『旅の文化研究所研究報告』二〇号二〇一一年
山本志乃『団体旅行の文化史―旅の大衆化とその系譜―』創元社、二〇二一年
横山町問屋新聞新聞委員編『横山町奉仕会二十五年史』一九五八年
読売旅行編『読売旅行四〇年史―一九六二～二〇〇二　昭和三七年～平成一四年―』二〇〇二年

著者紹介

一九八〇年、東京都に生まれる
二〇〇二年、慶應義塾大学経済学部卒業
二〇〇九年、東京大学大学院経済学研究科博士課程修了
現在、一橋大学大学院経済学研究科講師、博士（経済学）

〔主要著書〕
『温泉の経済史―近代日本の資源管理と地域経済―』（東京大学出版会、二〇二二年）

歴史文化ライブラリー
582

温泉旅行の近現代

二〇二三年（令和五）十二月一日　第一刷発行

著　者　高《たか》柳《やなぎ》友《とも》彦《ひこ》
発行者　吉川道郎
発行所　株式会社吉川弘文館
東京都文京区本郷七丁目二番八号
郵便番号一一三―〇〇三三
電話〇三―三八一三―九一五一〈代表〉
振替口座〇〇一〇〇―五―二四四
http://www.yoshikawa-k.co.jp/
印刷＝株式会社 平文社
製本＝ナショナル製本協同組合
装幀＝清水良洋・宮崎萌美

ISBN978-4-642-05982-4

歴史文化ライブラリー

1996. 10

刊行のことば

現今の日本および国際社会は、さまざまな面で大変動の時代を迎えておりますが、近づきつつある二十一世紀は人類史の到達点として、物質的な繁栄のみならず文化や自然・社会環境を謳歌できる平和な社会でなければなりません。しかしながら高度成長・技術革新にともなう急激な変貌は「自己本位な刹那主義」の風潮を生みだし、先人が築いてきた歴史や文化に学ぶ余裕もなく、いまだ明るい人類の将来が展望できていないようにも見えます。このような状況を踏まえ、よりよい二十一世紀社会を築くために、人類誕生から現在に至る「人類の遺産・教訓」としてのあらゆる分野の歴史と文化を「歴史文化ライブラリー」として刊行することといたしました。

小社は、安政四年（一八五七）の創業以来、一貫して歴史学を中心とした専門出版社として書籍を刊行しつづけてまいりました。その経験を生かし、学問成果にもとづいた本叢書を刊行し社会的要請に応えて行きたいと考えております。

現代は、マスメディアが発達した高度情報化社会といわれますが、私どもはあくまでも活字を主体とした出版こそ、ものの本質を考える基礎と信じ、本叢書をとおして社会に訴えてまいりたいと思います。これから生まれでる一冊一冊が、それぞれの読者を知的冒険の旅へと誘い、希望に満ちた人類の未来を構築する糧となれば幸いです。

吉川弘文館

歴史文化ライブラリー

近・現代史

- 江戸無血開城 本当の功労者は誰か？——岩下哲典
- 五稜郭の戦い 蝦夷地の終焉——菊池勇夫
- 水戸学と明治維新——吉田俊純
- 大久保利通と明治維新——佐々木 克
- 刀の明治維新 「帯刀」は武士の特権か？——尾脇秀和
- 維新政府の密偵たち 御庭番と警察のあいだ——大日方純夫
- 京都に残った公家たち 華族の近代——刑部芳則
- 文明開化 失われた風俗——百瀬 響
- 大久保利通と東アジア 国家構想と外交戦略——勝田政治
- 明治の政治家と信仰 クリスチャン民権家の肖像——小川原正道
- 大元帥と皇族軍人 明治編——小田部雄次
- 皇居の近現代史 開かれた皇室像の誕生——河西秀哉
- 日本赤十字社と皇室 博愛か報国か——小菅信子
- リーダーたちの日清戦争——佐々木雄一
- 陸軍参謀 川上操六 日清戦争の作戦指導者——大澤博明
- 軍隊を誘致せよ 陸海軍と都市形成——松下孝昭
- 軍港都市の一五〇年 横須賀・呉・佐世保・舞鶴——上杉和央
- 〈軍港都市〉横須賀 軍隊と共生する街——高村聰史
- 第一次世界大戦と日本参戦 揺らぐ日英同盟と日独の攻防——飯倉 章
- お米と食の近代史——大豆生田 稔
- 日本酒の近現代史 酒造地の誕生——鈴木芳行
- 温泉旅行の近現代——高柳友彦
- 失業と救済の近代史——加瀬和俊
- 近代日本の就職難物語 「高等遊民」になるけれど——町田祐一
- 難民たちの日中戦争 戦火に奪われた日常——芳井研一
- 昭和天皇とスポーツ 〈玉体〉の近代史——坂上康博
- 大元帥と皇族軍人 大正・昭和編——小田部雄次
- 昭和陸軍と政治 「統帥権」というジレンマ——高杉洋平
- 松岡洋右と日米開戦 大衆政治家の功と罪——服部 聡
- 唱歌「蛍の光」と帝国日本——大日方純夫
- 着物になった〈戦争〉 時代が求めた戦争柄——乾 淑子
- 稲の大東亜共栄圏 帝国日本の〈緑の革命〉——藤原辰史
- 地図から消えた島々 幻の日本領と南洋探検家たち——長谷川亮一
- 自由主義は戦争を止められるのか 芦田均・清沢洌・石橋湛山——上田美和
- 軍用機の誕生 日本軍の航空戦略と技術開発——水沢 光
- 国産航空機の歴史 零戦・隼からYS－一一まで——笠井雅直
- 首都防空網と〈空都〉多摩——鈴木芳行

歴史文化ライブラリー

- 帝都防衛 戦争・災害・テロ──土田宏成
- 帝国日本の技術者たち──沢井　実
- 強制された健康 日本ファシズム下の生命と身体──藤野　豊
- 「自由の国」の報道統制 大戦下の日系ジャーナリズム──水野剛也
- 学徒出陣 戦争と青春──蜷川壽惠
- 特攻隊の〈故郷〉 霞ヶ浦・筑波山・北浦・鹿島灘──伊藤純郎
- 陸軍中野学校と沖縄戦 知られざる少年兵「護郷隊」──川満　彰
- 沖縄戦の子どもたち──川満　彰
- 沖縄からの本土爆撃 米軍出撃基地の誕生──林　博史
- 原爆ドーム 物産陳列館から広島平和記念碑へ──頴原澄子
- 米軍基地の歴史 世界ネットワークの形成と展開──林　博史
- 沖縄米軍基地全史──野添文彬
- 考証 東京裁判 戦争と戦後を読み解く──宇田川幸大
- ふたつの憲法と日本人 戦前・戦後の憲法観──川口暁弘
- 戦後文学のみた〈高度成長〉──伊藤正直
- 首都改造 東京の再開発と都市政治──源川真希
- 鯨を生きる 鯨人の個人史・鯨食の同時代史──赤嶺　淳

文化史・誌

- 山寺立石寺 霊場の歴史と信仰──山口博之
- 神になった武士 平将門から西郷隆盛まで──高野信治
- 跋扈する怨霊 祟りと鎮魂の日本史──山田雄司
- 将門伝説の歴史──樋口州男
- 殺生と往生のあいだ 中世仏教と民衆生活──苅米一志
- 浦島太郎の日本史──三舟隆之
- 〈ものまね〉の歴史 仏教・笑い・芸能──石井公成
- スポーツの日本史 遊戯・芸能・武術──谷釜尋徳
- 戒名のはなし──藤井正雄
- 墓と葬送のゆくえ──森　謙二
- 運　慶 その人と芸術──副島弘道
- ほとけを造った人びと 止利仏師から運慶・快慶まで──根立研介
- 祇園祭 祝祭の京都──川嶋將生
- 洛中洛外図屏風 つくられた〈京都〉を読み解く──小島道裕
- 化粧の日本史 美意識の移りかわり──山村博美
- 乱舞の中世 白拍子・乱拍子・猿楽──沖本幸子
- 神社の本殿 建築にみる神の空間──三浦正幸
- 古建築を復元する 過去と現在の架け橋──海野　聡
- 生きつづける民家 保存と再生の建築史──中村琢巳
- 大工道具の文明史 日本・中国・ヨーロッパの建築技術──渡邉　晶

歴史文化ライブラリー

苗字と名前の歴史——坂田 聡
日本人の姓・苗字・名前 人名に刻まれた歴史——大藤 修
日本料理の歴史——熊倉功夫
日本の味 醤油の歴史——林 玲子・天野雅敏 編
中世の喫茶文化 儀礼の茶から「茶の湯」へ——橋本素子
香道の文化史——本間洋子
天皇の音楽史 古代・中世の帝王学——豊永聡美
話し言葉の日本史——野村剛史
ガラスの来た道 古代ユーラシアをつなぐ輝き——小寺智津子
たたら製鉄の歴史——角田徳幸
金属が語る日本史 銭貨・日本刀・鉄炮——齋藤 努
賃金の日本史 仕事と暮らしの一五〇〇年——高島正憲
書物と権力 中世文化の政治学——前田雅之
気候適応の日本史 人新世をのりこえる視点——中塚 武
災害復興の日本史——安田政彦

民俗学・人類学

古代ゲノムから見たサピエンス史——太田博樹
日本人の誕生 人類はるかなる旅——埴原和郎
倭人への道 人骨の謎を追って——中橋孝博
役行者と修験道の歴史——宮家 準
幽霊 近世都市が生み出した化物——髙岡弘幸
遠野物語と柳田國男 日本人のルーツをさぐる——新谷尚紀

世界史

神々と人間のエジプト神話 魔法・冒険・復讐の物語——大城道則
中国古代の貨幣 お金をめぐる人びとと暮らし——柿沼陽平
渤海国とは何か——古畑 徹
アジアのなかの琉球王国——高良倉吉
琉球国の滅亡とハワイ移民——鳥越皓之
イングランド王国前史 アングロサクソン七王国物語——桜井俊彰
ヒトラーのニュルンベルク 第三帝国の光と闇——芝 健介
帝国主義とパンデミック 医療と経済の東南アジア史——千葉芳広
人権の思想史——浜林正夫

考古学

タネをまく縄文人 最新科学が覆す農耕の起源——小畑弘己
イヌと縄文人 狩猟の相棒、神へのイケニエ——小宮 孟
顔の考古学 異形の精神史——設楽博己
〈新〉弥生時代 五〇〇年早かった水田稲作——藤尾慎一郎
文明に抗した弥生の人びと——寺前直人

歴史文化ライブラリー

歴史文化ライブラリー

- 戸籍が語る古代の家族——今津勝紀
- 古代の人・ひと・ヒト 名前と身体から歴史を探る——三宅和朗
- 疫病の古代史 天災、人災、そして——本庄総子
- 万葉集と古代史——直木孝次郎
- 郡司と天皇 地方豪族と古代国家——磐下 徹
- 地方官人たちの古代史 律令国家を支えた人びと——中村順昭
- 古代の都はどうつくられたか 中国・日本・朝鮮・渤海——吉田 歓
- 平城京に暮らす 天平びとの泣き笑い——馬場 基
- 平城京の住宅事情 貴族はどこに住んだのか——近江俊秀
- すべての道は平城京へ 古代国家の〈支配の道〉——市 大樹
- 都はなぜ移るのか 遷都の古代史——仁藤敦史
- 古代の都と神々 怪異を吸いとる神社——榎村寛之
- 聖武天皇が造った都 難波宮・恭仁宮・紫香楽宮——小笠原好彦
- 天皇側近たちの奈良時代——十川陽一
- 藤原仲麻呂と道鏡 ゆらぐ奈良朝の政治体制——鷺森浩幸
- 古代の女性官僚 女官の出世・結婚・引退——伊集院葉子
- 〈謀反〉の古代史 平安朝の政治改革——春名宏昭
- 皇位継承と藤原氏 摂政・関白はなぜ必要だったのか——神谷正昌
- 王朝貴族と外交 国際社会のなかの平安日本——渡邊 誠
- 源氏物語を楽しむための王朝貴族入門——繁田信一
- 平安貴族の仕事と昇進 どこまで出世できるのか——井上幸治
- 平安朝 女性のライフサイクル——服藤早苗
- 平安貴族の住まい 寝殿造から読み直す日本住宅史——藤田勝也
- 平安京のニオイ——安田政彦
- 平安京の災害史 都市の危機と再生——北村優季
- 平安京はいらなかった 古代の夢を喰らう中世——桃崎有一郎
- 天神様の正体 菅原道真の生涯——森 公章
- 平将門の乱を読み解く——木村茂光
- 平安時代の死刑 なぜ避けられたのか——戸川 点
- 古代の神社と神職 神をまつる人びと——加瀬直弥
- 古代の食生活 食べる・働く・暮らす——吉野秋二
- 古代の刀剣 日本刀の源流——小池伸彦
- 大地の古代史 土地の生命力を信じた人びと——三谷芳幸
- 時間の古代史 霊鬼の夜、秩序の昼——三宅和朗

中世史

- 列島を翔ける平安武士 九州・京都・東国——野口 実
- 源氏と坂東武士——野口 実
- 敗者たちの中世争乱 年号から読み解く——関 幸彦

歴史文化ライブラリー

歴史文化ライブラリー

歴史文化ライブラリー